Gagnez au jeu des échecs amoureux

1,50

PASCALE PIQUET

Gagnez au jeu des échecs amoureux

Être heureux en amour,
ça s'apprend!

BÉLIVEAU
éditeur

Réalisation de la couverture: Christian Campana
www.christiancampana.com
Illustration de la couverture: Patrick Dea

Dépôt légal: 1er trimestre 2017

Bibliothèque et Archives nationales du Québec
Bibliothèque et Archives Canada

ISBN 978-2-89092-843-5

BÉLIVEAU éditeur
567, rue de Bienville
Boucherville (Québec) Canada J4B 2Z5
Téléphone: 450 679-1933

www.beliveauediteur.com
admin@beliveauediteur.com

Gouvernement du Québec – Programme de crédit d'impôt pour l'édition de livres – Gestion SODEC – www.sodec.gouv.qc.ca.

Nous reconnaissons l'aide financière du gouvernement du Canada par l'entremise du Fonds du livre du Canada pour nos activités d'édition.

IMPRIMÉ AU CANADA

À ceux de mon entourage
qui ont trouvé l'amour
et le vivent chaque jour :

Christophe et Albane, mes cousins *(mariés)*
Armelle et Laurent, mes cousins *(mariés)*
Isabelle et Julien *(mariés)*
Tata Danielle et Ton'Paul*(mariés)*
François et Martine *(mariés)*
Amina et Thierry *(mariés)*
Johanne et Jean-Claude Coulombe,
mes amis et voisins

☆

Sommaire

☆

Avant-propos

☆

ÂMES SENSIBLES, S'ABSTENIR !

Je vais vous parler franchement; le ton sera direct mais jamais cru, corrosif sans être agressif, décapant mais pas irritant et... très humoristique !

Hétéro ou homo, heureux ou malheureux en amour, vous êtes peut-être curieux d'en comprendre les raisons... *Gagnez au jeu des échecs amoureux* s'adresse autant à ceux qui sont épanouis dans leur vie de couple qu'à ceux qui voudraient l'être.

Ce livre vous bouleversera: il va à l'encontre de tous les principes de vie qui vous ont été inculqués. Ces mêmes principes qui souvent vous entraînent bien loin du bonheur que vous recherchez, d'abord en tant que célibataire, puis à deux. Car enfin, *être heureux en amour, ça s'apprend !*

Ce parcours initiatique vous permettra de découvrir qui vous êtes, puis d'identifier qui vous souhaitez à vos côtés. Vous « grandirez »: une partie de vous est peut-être restée « enfant » et ne demande qu'à s'épanouir pour accéder au monde des « grands »: les rois et les reines, maîtres de l'échiquier.

Que diriez-vous de passer maître dans l'art de gagner au jeu des échecs amoureux ? Il suffit de comprendre les règles... de la vie ! Tout repose sur une logique implacable qui bousculera vos certitudes : vous vous libérerez de vos mauvaises programmations et de vos croyances erronées et vous élaborerez la stratégie qui vous mènera vers votre roi ou votre reine, à travers ce monde de pions, fous, tours et cavaliers qui vous empêchent d'avancer.

Je vous défie de me démontrer que ce que je vous explique n'est pas logique !

Prologue

☆

J'AI QUITTÉ LE SUD-OUEST DE LA FRANCE À 22 ANS ET JE SUIS « montée » à Paris pour commencer ma vie professionnelle. À cette époque, je jouais les cigales, sortais beaucoup, profitais de la vie parisienne, ne fréquentant les hommes que le temps d'une nuit, refusant de m'attacher. Jusqu'au jour où je suis tombée dans les filets de Jules, le père de ma fille.

Nous étions mariés depuis six mois et j'étais enceinte de six mois quand il prit une maîtresse. Alors qu'il désertait la maison chaque nuit, je portais *mon* enfant, acceptant d'être trompée et humiliée dans l'espoir que mon mari reviendrait à la raison quand le bébé serait né. J'ai tout encaissé jusqu'au jour où, la souffrance atteignant son paroxysme, j'ai failli tuer Jules. Malgré tout, j'ai mis deux longues années à obtenir le divorce: Jules faisait des crises d'asthme chaque fois qu'il fallait passer devant le juge !

J'aurais dû être immunisée contre les névrosés, non ? Eh bien non ! Deux ans plus tard, je me suis jetée dans la gueule d'un loup pire que le précédent: « Jim », de quinze ans mon cadet. En 2001, j'ai décidé d'émigrer au Québec avec ma fille, Cassandre, et le fameux Jim. J'étais déjà endettée à cause de la relation précédente, et Jim a achevé de me mettre sur la paille.

J'ai payé non seulement ses dettes mais aussi son voyage et celui de ses deux chiens. Je l'ai logé, nourri, blanchi, alors qu'il ne faisait rien dans la maison. Tout ça pour m'entendre dire un beau jour: «J'ai tiré un trait sur nous, je ne t'aime plus.» Il refusa pourtant de quitter ma maison, et nos disputes dégénérèrent en violence conjugale. Après une arcade sourcilière ouverte et une lèvre fendue, j'ai fini par appeler la police pour le mettre à la rue. J'étais submergée par une telle colère que j'avais peur de le tuer!

À quarante et un ans, ma vie s'est écroulée: isolée dans un pays que je ne connaissais pas (le Québec), terrassée par deux relations épouvantables, ruinée, sans travail, incapable de comprendre ce qu'il m'arrivait, je souffrais d'anxiété généralisée que je noyais dans l'alcool. J'ai dû alors me battre, seule, pour restaurer, pierre par pierre, ma confiance et mon estime, puis ma fierté sociale, professionnelle et financière. J'ai repris des études pour devenir Coach de Réussite, accumulant toutes sortes de petits boulots en parallèle pour payer mes études et mes dettes. Mon diplôme en poche (post-maître en PNL – programmation neuro linguistique), j'ai voulu écrire le récit de ma vie, pour éclairer d'autres personnes prisonnières du piège dont je suis finalement sortie: la dépendance affective.

Ainsi naquit le livre *Le syndrome de Tarzan* devenu rapidement un best-seller, puis, ayant rencontré mon roi, j'ai écrit *Séduire pour une nuit ou charmer pour la vie? Guide pratique de l'amour et du sexe,* et maintenant je sors à nouveau *Gagnez au jeu des échecs amoureux* rafraîchi. Aujourd'hui, je veux accompagner mes lecteurs et lectrices sur le chemin de ce bonheur que j'ai enfin trouvé. Parce que le bonheur, ce n'est pas juste quand il cesse de pleuvoir, c'est quand un soleil radieux brille au-dessus de notre tête.

Lors de la première édition de ce livre, en 2011, j'étais encore célibataire. Depuis, j'ai rencontré l'homme qui partage ma vie depuis plus de trois ans maintenant et la pratique a rejoint la théorie: je peux donc confirmer l'efficacité des stratégies énoncées.

Que diriez-vous, à votre tour, d'essayer une nouvelle stratégie qui vous permettra de gagner au jeu des échecs amoureux et de rencontrer la personne que vous méritez ? À vous de jouer !

Introduction

Choisir la bonne personne, ce n'est pas un jeu de hasard, c'est une stratégie !

☆

QUI VOUS A EXPLIQUÉ LES RÈGLES DE LA VIE AFFECTIVE OU DES relations humaines ? Personne ! Je vois beaucoup d'entre vous patauger (quand vous ne vous noyez pas !), comme je l'ai fait par le passé, dans des relations que vous souhaiteriez amoureuses, mais qui ne sont que déception, souffrance et dépendance. D'où l'idée d'écrire ce livre, pour vous éclairer et vous guider dans le choix de la meilleure personne pour vous.

La vie affective est comme la forêt, où vous croisez toutes sortes de champignons. Certains sont comestibles, alors que d'autres sont vénéneux : ils vous rendent malades, provoquent des hallucinations ou peuvent même vous tuer. Il faut juste apprendre à distinguer les bons des mauvais. C'est pareil en amour ! Pourtant, jusqu'ici personne n'a su vous renseigner, ceux qui sont heureux en couple vous répondent : « Nous avons eu de la chance » et ceux qui ont échoué vous diront : « Je n'ai pas eu de chance. » Or, la chance n'a rien à voir là-dedans ! Choisir la bonne personne n'est pas un jeu de hasard : c'est une stratégie. Je dirais même que c'est un recrutement. Ça vous fait dresser les cheveux sur la tête ? Et pourtant : le poste à pourvoir est celui de partenaire de corps et de cœur, l'*alter ego* avec lequel vous partagerez votre bonheur, dans un contrat à vie. Parce que le bonheur, ça se partage. Pas le malheur : si vous êtes malheureux, restez seul, c'est bien mieux que de doubler votre malheur à deux. C'est pourtant, très souvent, ce que vous faites...

Si votre objectif est de rencontrer la bonne personne et que vous n'avez aucune stratégie, vous tomberez dans les filets du premier (prédateur ?) venu. Surtout si c'est un vide que vous cherchez à combler : souffrant d'un manque de confiance et d'estime qui vous donne une mauvaise image de vous-même, vous vous jetterez dans la gueule du loup (ou de la louve !) et vous serez mangé tout cru. Mais vous l'avez peut-être déjà expérimenté... Plusieurs fois ?!

Pour mieux comprendre cette idée de stratégie, il faut imaginer la vie affective comme un échiquier : avec différentes pièces, un but et des règles du jeu. Je commencerai donc par présenter ce jeu des échecs amoureux (chapitre I). Une fois le jeu intégré, vous mettrez la dépendance affective en échec et mat (chapitre II), puis votre objectif sera d'attirer votre roi/reine (chapitre III), en prenant conscience de votre force (chapitre IV). Vous déterminerez ensuite le style de roi/reine que vous êtes (chapitre V), pour définir précisément le roi/la reine que vous souhaitez à vos côtés (chapitre VI). Vous découvrirez la stratégie à adopter (chapitre VII) et les pièces maîtresses (chapitre VIII) sur lesquelles vous appuyer pour attirer votre roi/reine, avant d'apprendre enfin à régner à deux (chapitre IX), une fois la bonne personne rencontrée. Nous terminerons avec des exercices concrets (chapitre X) qui vous permettront de mettre en pratique ce que vous aurez intégré !

Vous avez souvent perdu à ce jeu, peut-être parce que vous jouiez contre des adversaires sans foi ni loi, pour lesquels tous les coups étaient permis. Cependant, la plupart du temps, votre défaite n'était pas due à un adversaire trop chevronné, mais à vos propres mauvaises programmations. C'est ce que j'explique à longueur de journée à mes clients. Certains d'entre eux ont tout perdu à ce jeu, et c'est tant mieux ! C'est parfois en touchant le fond qu'on est le plus à même de rebondir, et c'est ce qu'ils ont fait : ils ont appris de leurs erreurs. Maintenant, c'est à vous d'apprendre à gagner. À gagner quoi ? Le bonheur à deux !

Peut-être aussi avez-vous déjà gagné la partie de l'amour, mais ne savez-vous pas pour autant comment guider vos enfants : comment les entraîner sur le chemin du bonheur que vous vivez ou encore comment leur éviter les souffrances par lesquelles vous êtes passé. Souvenez-vous que vos rejetons s'imprègnent de ce qu'ils voient de votre propre vie affective. Ce livre vous permettra de trouver les mots pour les accompagner vers une vie de couple épanouie. Un parent est un guide, encore faut-il qu'il connaisse le bon chemin !

I

Le jeu des échecs amoureux

☆

EN QUOI CONSISTE LE JEU DES ÉCHECS AMOUREUX ? VISUALISER LE domaine des relations amoureuses et affectives comme un vaste échiquier permet d'en faire ressortir les rapports de force, et les pièges qui vous guettent.

▶ L'ÉCHIQUIER ET LES PIÈCES

L'échiquier représente la vie affective (un véritable champ de bataille pour certains !). Puis viennent les pièces.

D'un côté, les personnes affectivement déséquilibrées sont représentées par :

- les pions (*dominés*),
- les fous (*dominateurs/dominatrices*),
- les (*mauvais*) tours,
- les cavaliers (*cavaleurs/cavaleuses*).

PETITE PRÉCISION : un dominateur est toujours lui-même dominé par quelqu'un d'autre, plus fort que lui.

Si votre patron (patronne ?) est un dominateur, il est peut-être dominé par sa femme, qui est dominée par sa mère, qui est dominée par son mari, qui est dominé par... son chien !

De l'autre côté, les personnes affectivement équilibrées sont représentées par :

- les rois,
- les reines.

Les rois et reines sont les *alter ego* séparés par la surface de l'échiquier... et par les autres pièces, les pions, fous, tours et cavaliers, qui les empêchent d'être réunis.

Dans quel camp souhaitez-vous jouer ?

Dans quel camp souhaitez-vous jouer? Cochez la bonne réponse !

— Le camp des pions, fous, tours et cavaliers ? ❑

— Le camp des rois et des reines ? ❑

Si vous préférez le côté des personnes affectivement déséquilibrées, je pense que vous réussissez très bien sans moi, continuez à faire ce que vous faites. Si vous préférez le côté des rois et des reines, ce livre va royalement vous intéresser !

Permettez-moi de partir du principe que vous choisissez d'être un roi ou une reine ; dès que vous aurez compris et intégré les règles du jeu pour gagner, voici ce qu'il se produira : les pions, fous, tours et cavaliers s'écarteront, telles les eaux devant Moïse, et vous pourrez rejoindre votre roi/reine. Au tout début, il faudra lutter pour éloigner les importuns, car vous en attirerez encore, mais avec l'expérience, ils vous fuiront automatiquement. Sachez simplement que les rois et reines ou dominants et dominantes – ou mâles et femelles alpha

– se reconnaissent entre eux. Dans les sphères autant professionnelles que sociales ou privées. Ce sont des leaders, des personnes ayant la maîtrise de leur vie et de leur bonheur. C'est ce que j'aide mes clients à devenir, parce que je le vis.

Comment repérer votre roi/reine ? En respectant les consignes de sécurité que vous découvrirez ici et en suivant les étapes qui vous feront avancer sur l'échiquier. Vous serez ainsi capable de repérer et d'éliminer les pions (qui se traîneront à vos pieds, dominés ; c'est tentant, mais ils feront de vous un dominateur/une dominatrice), les fous (qui essaieront de vous dominer), les (mauvais) tours (qui vous en feront voir de toutes les couleurs) et les cavaliers (cavaleurs/cavaleuses qui vous tromperont, dès que vous aurez le dos tourné ou même sous votre nez !) – toutes ces pièces dont vous faisiez peut-être déjà la collection et que vous apprendrez à éliminer de votre échiquier. Puis vous repérerez votre roi/reine.

Vous savez depuis longtemps qu'il vaut mieux être seul que mal accompagné, pourtant vous êtes nombreux à préférer être mal accompagnés, enchaînant les conjoints affectivement déséquilibrés : quand vous aurez compris pourquoi vous faites ce choix, tout s'éclairera ! Sachez que, si vous êtes en déséquilibre affectif, vous attirez immanquablement des déséquilibrés – vous attirez ce que vous êtes.

Parmi mes clients et mes lecteurs, certains ont finalement trouvé le bonheur en couple. Les autres ont la sagesse d'attendre de croiser la bonne personne. Et s'ils sont encore seuls, ils ne sont pas mal accompagnés : ils sont libres et célibataires, suffisamment clairvoyants et outillés pour choisir non pas le/la « moins pire », mais plutôt le meilleur des hommes ou la meilleure des femmes pour eux !

ATTENTION : célibataire ne signifie pas nécessairement abstinent sexuellement. Si ce fut mon cas pendant plus de dix ans, ce ne sera pas forcément le vôtre.

Lorsque vous êtes arrivé, adolescent, sur le grand échiquier de la vie amoureuse, vous aviez les hormones en ébullition. Vous éprouviez une attirance pour le sexe opposé, ou pour le même sexe, et vous rêviez du premier baiser. Puis, persuadé que la première relation sexuelle allait faire de vous un «homme» ou une «femme», vous avez peut-être choisi la facilité: celui qui s'est jeté sur vous ou celle que votre acné n'a pas découragée... Cette première fois fut tout à fait réussie, ou complètement ratée, selon le partenaire, plus ou moins expérimenté, et son intention: croyait-elle vous aimer ou voulait-il vous déflorer?

Par la suite, vous avez commencé une collection de pions, fous, tours et cavaliers (peut-être vous êtes-vous spécialisé dans les cavaleurs/cavaleuses, dans les mauvais tours accros à l'alcool, à la drogue ou bien violents, dans les pions complètement soumis ou encore les fous qui vous dominent) et vous avez accumulé les histoires qui finissaient mal. Chaque échec portait un méchant coup à votre confiance et votre estime, qui finirent par descendre bien bas. Si bas que, de plus en plus vulnérable, vous avez attiré des prédateurs de plus en plus voraces, qui se disputaient les restes du peu de fierté que vous aviez réussi à sauver.

Après des années de ce régime, bien souvent écœuré, vous ne croyez plus à l'amour, vous avez perdu confiance en le sexe opposé (ou le même sexe), ou vous continuez compulsivement votre collection (par peur de la solitude), tombant de plus en plus dans le sordide, vous enfonçant dans la souffrance et l'anxiété. Vous ne vous reconnaissez pas, votre famille et vos amis non plus: vous avez perdu toute joie de vivre, étouffé par l'anxiété qui grandit...

Vous avez peut-être l'impression d'avoir touché le fond, et pourtant, si vous lisez ce livre, c'est qu'une part de vous est profondément persuadée qu'elle a droit au bonheur. Et elle a raison ! En décidant de vous retrousser les manches pour reconstruire votre vie, vous déserterez le monde des pions, fous, tours et cavaliers, pour vous « téléporter » dans le monde des rois et des reines : la planète des gens heureux. Si je l'ai fait, vous le pouvez !

▶ FAISONS L'AUTOPSIE DE VOS RELATIONS POUR SAVOIR DE QUOI ELLES SONT MORTES

Vous qui n'avez toujours rien compris aux règles de la vie affective et qui vous reconnaissez dans ce que vous venez de lire, il est temps de sortir de cette spirale infernale.

Quand chaque relation tourne à l'échec et que vous souffrez de plus en plus après chaque rupture, il est impératif de comprendre de quoi vos amours sont mortes. Et neuf fois sur dix, c'est la dépendance affective et émotive qui les a tuées !

La dépendance affective vous pousse à être terrifié par la solitude, l'abandon et le rejet. Mais cette terreur est sans fondement : personne n'est mort d'être célibataire ; ce n'est pas la solitude qui tue, mais l'idée que vous vous en faites, la peur que vous en avez et l'ennui que vous y associez irrémédiablement. Sans même parler de l'isolement extrême des ermites, nombreux sont ceux qui font le choix de vivre seuls et s'en portent très bien. Terrifié par quelque chose qui ne présente aucun danger, vous devenez dépendant des autres, incapable de vous passer des gens, même s'ils ne sont pas de bonne compagnie.

C'est ce déséquilibre personnel qu'il vous faut régler avant toute chose. Ensuite, si vous suivez les consignes de sécurité que vous allez découvrir, le succès sera garanti : plus aucun névrosé ne vous prendra dans ses filets. Vous serez prêt à rencontrer votre roi ou votre reine. Le meilleur ou rien ! Et quand je dis « rien », je veux dire que vous pourrez avoir des aventures d'une nuit, mais vous serez vigilant quant à celui ou celle qui entrera dans votre vie !

Car cette personne occupera le poste le plus élevé dans votre vie : celui de compagnon ou compagne. Aucun parent (on les quitte), aucun enfant (ils nous quittent !), aucun ami ne peut prendre la place de celui ou celle qui vit avec vous, respire vos nuits, partage vos journées, vos joies et vos ennuis, vous soutient, prend part à vos projets, vous regarde vieillir affectueusement, s'épanouit dans votre belle énergie tout comme vous prospérez dans la sienne. Cette personne qui vous tient amoureusement la main jusqu'au bout de la vie, quelles que soient les tempêtes, cet associé de corps et de cœur, vous l'aurez soigneusement choisi, *recruté*, et il aura fait de même.

Vous êtes *responsable* de tomber amoureux ou pas, de choisir une personne ou pas, et ne me dites pas que « le cœur a ses raisons que la raison ne connaît pas » (Blaise Pascal). Parce que la vérité, c'est que « la névrose a ses raisons que la raison ne connaît pas ». C'est la dépendance qui rend aveugle, pas l'amour !

Avant d'aller plus loin, je dois préciser ceci : quand j'emploie les termes « névrose » ou « névrosé », il ne faut y voir aucune connotation insultante. Malheureusement, ils sont passés dans le langage courant pour qualifier une personne dont le comportement vous dérange. Il est donc utile d'en rappeler rapidement la définition.

NÉVROSE : affection qui se caractérise par des troubles affectifs et émotionnels n'altérant pas les fonctions mentales d'une personne.

NÉVROSÉ : personne souffrant de troubles affectifs et émotionnels.

La dépendance affective est l'un de ces troubles du comportement qui repose sur de mauvaises programmations acquises au cours de la vie. À un faible degré, ce problème n'est qu'une épine dans votre pied, mais quand il prend des proportions plus importantes, il peut vous empêcher totalement de fonctionner, voire il peut même vous tuer...

II

Mettez la dépendance affective en échec et mat!

☆

VOUS SOUFFREZ SANS SAVOIR POURQUOI ? VOS HISTOIRES D'AMOUR finissent mal? Vous êtes incapable d'entrer en relation avec l'autre? Vous ne choisissez jamais la bonne personne? Vous manquez de confiance en vous et d'estime de soi? Il est temps de comprendre quel mal vous frappe: c'est la dépendance affective!

▶ LA DÉPENDANCE AFFECTIVE : CE MAL INCONNU QUI VOUS RONGE

La dépendance affective est le mal du siècle et ne fait qu'empirer: c'est un cancer qui ronge le cœur et l'âme et qui va jusqu'à tuer. Certains se suicident parce qu'ils souffrent trop de solitude, d'anxiété, du mal de vivre ou simplement d'une rupture; d'autres tuent leur rival ou leur conjoint qui voulait les quitter. Pour d'autres encore, dont vous faites peut-être partie, la vie va de plus en plus vite, vous stressez de plus en plus, l'anxiété gagne du terrain, puis prend toute la place et vous empêche de respirer.

Le moment est venu de vous débarrasser de ce mal qui vous ronge en mettant la dépendance affective en échec et mat ! À la fin de ce chapitre, elle n'aura plus aucun secret pour vous, vous apprendrez à la reconnaître et à la repousser. Première étape : en comprendre les tenants et les aboutissants.

La dépendance affective est un manque de confiance en soi et d'estime de soi, générateur de problèmes en tous genres. Elle vous pousse dans toutes sortes de comportements compulsifs ou d'addictions, dont l'addiction à une autre personne : la dépendance émotive. D'où vient le manque de confiance et d'estime de soi qui provoque cette sensation de vide intérieur ? De votre enfance et de vos mauvaises programmations, dont vous n'êtes pas responsable : elles vous ont été infligées, de votre conception à aujourd'hui, par les gens (parents en priorité) qui vous ont mal encadré et les événements malheureux qui vous sont arrivés. D'où votre mauvaise perception de la vie et de vous-même, et vos fausses croyances.

Vous êtes arrivé sur l'échiquier de la vie affective porteur d'un vide intérieur plus ou moins grand, qui n'a cessé de se creuser à chaque échec. Ce vide a immanquablement attiré des pions, fous, tours ou cavaliers, comme le sang attire les requins. Vous ne pouviez pas gagner au jeu des échecs amoureux. Personne, dans ces circonstances, ne le pourrait.

▶ La cause : carence affective dans l'enfance

La dépendance affective est due à une carence qui vient de l'enfance. Vos parents, pour développer votre confiance et votre estime de vous-même, doivent vous apporter reconnaissance, affection et protection, en plus de pourvoir à vos besoins matériels : un toit sur la tête, des habits sur le dos et de la nourriture dans l'assiette.

Par la **reconnaissance**, vos parents vous envoient le message : « Tu existes, tu fais partie de la famille, tu as ta place. »

En vous témoignant de l'**affection**, vos parents vous envoient le message : « Tu es aimable et estimable, nous t'aimons. »

En assurant votre **protection**, vos parents vous envoient le message : « Nous te protégeons parce que tu es précieux/précieuse pour nous. »

La reconnaissance, l'affection et la protection prodiguées à l'enfant développent sa confiance, son estime de soi et sa maîtrise, son *leadership*. « Leader », dans ce cas précis, signifie simplement que vous avez la capacité de bien gérer votre vie et d'être heureux. Vous avez ainsi le « lead » sur votre propre vie. Si vous avez bénéficié de ces trois éléments essentiels, il y a de grandes chances que vous soyez un bon parent à votre tour.

Les parents sont censés rendre leurs enfants autonomes : quand ceux-ci quittent le nid familial, ils doivent être capables de vivre seuls, de prendre soin d'eux-mêmes, de choisir un logement, d'avoir un emploi, une vie sociale, une famille…

Imaginez que la confiance et l'estime de soi soient un avion : vous êtes assis à côté de vos parents qui pilotent et ils vous passent les commandes de temps en temps pour vous enseigner à piloter. Jusqu'au jour où vous êtes capable de voler de vos propres ailes : ils descendent de l'avion et deviennent une simple tour de contrôle à laquelle vous pouvez demander des conseils. Votre confiance et votre estime de soi continuant à augmenter avec la maturité, vous voilà aux commandes de votre vie, fier et libre : autonome !

Si vos parents, incapables de piloter eux-mêmes, sont descendus de l'avion trop tôt, vous risquez le piqué en chute libre vers le sol ! Au contraire, s'ils sont toujours dans l'avion alors que vous avez passé les vingt-cinq ans, qu'ils vous disent :

« Pousse-toi de là, imbécile, tu n'es pas capable de piloter ! » ou bien : « Ne t'en fais pas, mon chouchounet, papa et maman vont piloter pour toi », ils installent en vous la peur de piquer vers le sol dès que vous serez seul aux commandes. Incapable de prendre le contrôle de votre vie, vous laisserez donc piloter les autres, notamment le conjoint... À vos yeux, être seul dans votre avion, c'est la mort assurée !

▶ Le moment de vérité : souffrez-vous du syndrome de Tarzan ? (les symptômes)

Comment définir si vous êtes frappé du syndrome de Tarzan ? Voici une liste de symptômes majeurs (il en existe bien d'autres !), à vous de cocher ceux dans lesquels vous vous reconnaissez :

— Vous manquez de confiance en vous. ❑

— Vous n'avez aucune (ou une faible) estime de soi. ❑

— Vous doutez tout le temps. ❑

— Vous pensez que vous ne méritez pas le bonheur. ❑

— Vous vivez avec une personne qui vous fait souffrir, mais vous n'avez pas la force de la quitter, par peur de la solitude. ❑

— Vous venez de rompre, et vous souffrez le martyre – que ce soit votre décision ou la sienne. ❑

— Vous souhaitez rompre, mais vous ne savez pas comment vous y prendre. ❑

— Vous êtes célibataire, la solitude vous pèse et vous désespérez de trouver la bonne personne. ❑

— Vous vous laissez écraser. ❑

— Vous êtes incapable de dire ce que vous pensez. ❑

— Vous êtes incapable de parler de vos émotions et de vos sentiments. ❑

— Vous êtes incapable de prendre votre place. ❑

— Vous êtes incapable de vous faire respecter. ❑

— Vous perdez vos moyens quand une personne crie. ❑

— Vous mettez des gens au-dessus de vous. ❑

— Vous êtes incapable de vous engager. ❑

— Vous ne voulez plus de relations affectives, car vous avez déjà trop souffert. ❑

— Vous souffrez d'anxiété. ❑

— Vous souffrez d'insatisfaction chronique. ❑

— Vous traînez une tristesse depuis votre enfance, dont vous ne réussissez pas à vous débarrasser. ❑

— Vous avez peur de tout. ❑

— Vous souffrez de dépression. ❑

— Vous souffrez d'épuisement professionnel. ❑

— Vous subissez de la violence conjugale ou vous en faites subir. ❑

— Vous voulez faire plaisir à tout le monde. ❑

— Vous voulez sauver tout le monde. ❑

— Vous avez peur du jugement et de la critique. ❑

— Vous n'êtes pas capable de prendre une décision. ❑

— Vous faites souffrir vos proches. ❑

— Vous souffrez de culpabilité. ❑

— Vous ne maîtrisez pas votre colère. ❑

— Vous êtes jaloux et possessif. ❑

— Vous buvez de façon excessive. ❑

— Vous vous droguez. ❑

— Vous avez des idées suicidaires. ❑

— Vous souffrez de compulsions, quelles qu'elles soient. ❑

— Vous passez votre temps à travailler. ❑

— Vous recherchez les compliments. ❑

— Vous avez des problèmes de poids. ❑

— Vous faites de l'insomnie. ❑

— Vous pleurez souvent comme un enfant. ❑

— Vous avez des comportements d'enfant. ❑

— Vous avez peur de parler en public. ❑

— Vous avez peur de la solitude. ❑

— Vous avez peur de mourir. ❑

— Vous avez peur de vieillir. ❑

— Vous avez peur d'être malade. ❑

— Vous avez peur de finir vos jours seul(e). ❑

— Vous avez une ou plusieurs phobies. ❑

— Vous ne vous aimez pas. ❑

— Votre vie est un enfer. ❑

— Vous cherchez de la reconnaissance. ❑

— Vous avez peur du noir. ❑

ÉVALUEZ VOTRE NIVEAU DE DÉPENDANCE SUR L'ÉCHELLE DE RICHTER

J'utilise l'échelle de Richter (elle sert habituellement à mesurer les tremblements de terre !) pour vous aider à vous repérer dans l'intensité de la névrose. Elle va de 0 à plus de 10, représentant les personnes parfaitement heureuses et équilibrées.

Si vous êtes entre 1 et 4, vous êtes assurément atteint de dépendance affective (manque de confiance et d'estime) et peut-être de dépendance émotive (dépendance à un autre être humain), mais c'est très vivable et vous pouvez être heureux avec une personne au même niveau que vous.

En revanche, quand il y a souffrance, voire violence psychologique et/ou physique entre personnes, c'est qu'elles naviguent entre 5 et plus de 10.

Donc, même si vous avez coché un ou plusieurs symptômes, pas de panique ! Il faut savoir que vous pouvez souffrir de dépendance affective à des degrés différents, ainsi que je vous l'ai déjà dit. Il ne serait pas surprenant que vous en ayez coché une bonne dizaine, voire une vingtaine : vous feriez juste partie de la moyenne !

Cela va vous surprendre, mais environ 98 % de la population souffrent d'un manque de confiance et d'estime de soi plus ou moins important. Il ne reste que 2 % de la population (les rois et reines) : ceux qui ne dominent personne et ne sont dominés par personne. Ils sont maîtres de leur vie, tandis que vous êtes esclave de votre passé et des autres, dominateurs comme dominés !

Il m'a souvent été demandé d'établir un barème afin que vous puissiez déterminer où vous vous situez sur l'échelle, mais je ne l'ai jamais fait : c'est à vous de le décider, en fonction du nombre de symptômes que vous avez identifiés et de ce que vous ressentez. Soyez cependant conscient qu'à plus de 10, vous tombez dans la catégorie « tueur en série » !

Pour comparaison, voici, dans le tableau suivant, les effets décrits pour les différents degrés de l'échelle de Richter :

ÉCHELLE DE RITCHER	EFFETS DÉCRITS
Moins de 1,9	Microtremblement de terre, non ressenti.
2,0 à 2,9	Généralement non ressenti mais détecté/ enregistré.
3,0 à 3,9	Souvent ressenti mais causant rarement des dommages.
4,0 à 4,9	Secousses notables d'objets à l'intérieur des maisons, bruits d'entrechoquement. Dommages importants peu communs.
5,0 à 5,9	Peut causer des dommages majeurs à des édifices mal conçus dans des zones restreintes. Cause de légers dommages aux édifices bien construits.
6,0 à 6,9	Peut être destructeur dans des zones allant jusqu'à 180 kilomètres à la ronde si elles sont peuplées.
7,0 à 7,9	Peut provoquer des dommages modérés à sévères dans des zones plus vastes.
8,0 à 8,9	Peut causer des dommages sérieux dans des zones à des centaines de kilomètres à la ronde.
9,0 et plus	Dévaste des zones de plusieurs milliers de kilomètres à la ronde.

ÉVALUEZ VOTRE BONHEUR

Autre façon de procéder pour savoir où vous en êtes : si je vous demande, sur une échelle de 0 à 10, où vous situez votre capacité à être heureux. Entourez le bon chiffre :

0 1 2 3 4 5 6 7 8 9 10

Si vous êtes en dessous de 5, c'est que quelque chose (ou plusieurs choses !) vous empêche d'être heureux. Nous « scannerons » votre vie dans le chapitre V, afin de déterminer ce qui accroche. Et ne me répondez pas que c'est impossible d'être à 10 : j'y suis ! Et ce, depuis 2006, année où j'ai sorti mon premier livre, *Le Syndrome de Tarzan*. Comment je m'y prends ? Vous allez le découvrir.

Revenons à l'échelle de Richter de la dépendance, celle de la névrose. Si vous vous situez entre 1 et 4, vous pouvez tout à fait être heureux, célibataire ou à deux. Il faut que vous compreniez que je ne suis pas pour l'équilibre parfait à tout prix : je suis pour la non-souffrance. Si deux personnes sont entre 1 et 4 et qu'elles sont heureuses ensemble parce qu'au même niveau de faible névrose, alors tout va bien ! Peut-être qu'elles grandiront à travers le couple, peut-être pas. Mais au-delà de 5, les choses commencent à se gâter... Parce que le manque de confiance et d'estime, quand il est imposant, provoque de gros dégâts dans votre vie et dans celle de ceux qui vous entourent.

En ce qui me concerne, j'ai atteint des sommets : dettes (je distribuais tout mon argent, même celui que je n'avais pas !), violence conjugale (ça tournait au match de boxe !), alcool (c'est la seule chose qui calmait mon anxiété : quand je buvais, je me voyais à la proue... du *Titanic* !). En fait, début 2002, alors que je n'étais au Québec que depuis quelques mois, toute ma vie s'est écroulée – j'avais quarante ans. Avant que je ne m'installe dans la Belle Province, mon mari, Jules, m'avait trompée pendant ma grossesse, et sa maîtresse et lui m'avaient fait vivre un enfer; mon deuxième compagnon, Jim, qui m'avait suivie au Québec, était encore pire que le premier. Il est parti entre deux policiers après notre dernier combat. Je n'avais plus d'argent, plus d'emploi, des dettes par-dessus la tête, pas d'amis. Je me suis retrouvée seule dans un pays que je ne connaissais pas, perdue au milieu d'une propriété de trente-sept hectares au nord de Montréal, dont je ne pouvais plus payer l'hypothèque. Je souffrais d'anxiété généralisée et j'étais tombée dans l'alcool, alors que j'avais une petite fille de sept ans à élever. Bienvenue au Québec ! J'étais à combien, à votre avis, sur l'échelle de Richter de la dépendance ? 7 - 8 - 9 ?

PETITE PRÉCISION : j'ai renommé les deux ex-conjoints Jules et Jim, en hommage à Jeanne Moreau.

AUTRE PRÉCISION : je n'écris ou ne dis jamais « MES ex » ni « MON ex », car ils ne sont plus à moi (l'ont-ils jamais été ?!). Je préfère dire « l'ex » ou « les ex ».

Vous n'en arriverez pas là, car ce qui va suivre vous ouvrira les yeux. Si la dépendance affective a bien failli me détruire, c'est parce que je ne comprenais pas contre quoi je me battais. Je croyais simplement que la vie était injuste, que j'avais dû faire pas mal de « vacheries » dans mes vies antérieures à tous ces pions, fous, tours et cavaliers qui me pourrissaient l'existence, dans tous les domaines. Car ce n'est pas uniquement dans votre lit que vous les attirez : au travail et dans votre vie sociale aussi. L'odeur du sang attire toutes sortes de prédateurs.

Quand j'ai réalisé que tous ces problèmes étaient liés à mes comportements négatifs et non au mauvais sort qui s'acharnait sur moi, j'ai compris que c'est moi qui devais changer, pour changer ma vie. Développant confiance et estime de soi, ne me comportant plus comme une personne blessée, j'ai enfin cessé d'attirer les prédateurs et vautours en tous genres ! Ça m'a pris dix ans, parce que je n'avais personne pour me guider : j'ai dû comprendre seule ce qui m'arrivait et m'en sortir sans aide. Avec un professionnel à vos côtés, ça va nettement plus vite. La dépendance affective est un problème mal connu des psychothérapeutes : il faut l'avoir vécu et en avoir souffert, puis en être sorti, pour guider ceux qui souhaitent reprendre le contrôle de leur vie. En somme, je donne des cours de pilotage privés !

▶ JE NE M'AIME PAS, AIME-MOI !

Si vous avez manqué de reconnaissance, d'affection et de protection, vous partez dans la vie avec l'idée que vous n'existez pas. Vous ne vous aimez pas, et comme vos parents n'ont pas pris soin de vous, vous ne savez pas le faire non plus. Subissant l'une ou toutes les cinq blessures (rejet, abandon, injustice, humiliation, trahison) marquantes de l'enfance, vous vous êtes évertué à tout faire pour arracher de l'amour à vos parents, souvent incapables de vous en donner. S'ils étaient malheureux, vous vous êtes senti responsable de leur bonheur et êtes devenu le parent de vos parents. Par la suite, dans votre vie adulte, vous continuez à vous croire responsable (esclave ?) des autres et vous éprouvez des difficultés à vous respecter et à vous faire respecter, enfermé dans le rôle du « sauveur ».

Dévalorisé dans votre enfance, vous avez une mauvaise perception de vous-même : vos parents, qui auraient dû vous aimer, ne l'ont pas fait. Persuadé que vous ne valez rien, vous tentez de sauver les « moins que rien » pour vous revaloriser, tombant dans tous les pièges tendus par ceux qui sont aussi carencés que vous. Vous courez après ce que vous n'avez jamais reçu de vos parents et ne recevrez jamais de qui que ce soit d'autre. Plus vous courez après la reconnaissance, l'affection et la protection, moins vous en avez. Voilà pourquoi vous confiez désespérément la tâche de vous aimer à quelqu'un d'autre (pions, fous, tours et cavaliers !), qui ne peut désespérément pas plus le faire que vous. Voici le message que vous lui envoyez : « Je ne m'aime pas, aime-moi ! » L'autre ne s'aime pas non plus, comment pourrait-il vous rendre ce service ?!

Pourquoi courez-vous tant après l'amour? Parce que vos parents ne vous ont pas dit *Je t'aime.* Ces simples mots, qu'ils ne vous diront probablement jamais, pas même sur leur lit de mort, et que vous attendrez toute votre vie. S'ils ne les ont pas prononcés, c'est souvent parce que leurs propres parents ne leur ont pas appris à le faire.

Une scène du film *Mère-fille, mode d'emploi* résume parfaitement l'incapacité de certains parents à dire *Je t'aime.* Georgia (Jane Fonda) est assise sur un lit et sa fille (Felicity Huffman) est assise par terre, ivre, des bouteilles de vodka éparpillées au sol. Elle s'adresse à sa mère, en pleurant :

— Pourquoi tu ne m'as jamais aimée ?

— Comment aurais-je pu ne pas t'aimer ?!

— Pourquoi tu ne me l'as jamais dit ?

— Parce qu'on ne me l'a jamais dit.

Il y a deux catégories de parents « déficients » : ceux qui vous aiment et sont incapables de le manifester, ce qui est le cas du personnage qu'interprète Jane Fonda ; et ceux qui ne vous aiment pas car ils en sont incapables. C'est le cas de ma propre mère.

Nos parents sont parfois des anges déchus qui frappent avec leurs ailes. Et ce n'est pas parce qu'ils ne vous ont pas aimé que vous n'êtes pas aimable. C'est simplement parce qu'ils sont incapables d'aimer.

▶ Qui vous a guidé lors de votre première relation ? Personne !

Revenons à votre éducation : nous ne sommes pas là pour juger **vos parents,** ils ont fait ce qu'ils ont pu. Vous avez été élevé par des enfants à l'allure de parents et ils furent eux-mêmes élevés par des enfants qui auraient dû être des parents. Je tiens d'ailleurs à souligner que je fais partie, comme vous peut-être, de la « génération fracture » : cette génération qui a commencé à donner justement ce qu'elle n'avait pas reçu. Ma mère m'a involontairement fléché le parcours pour élever ma fille : j'ai fait exactement l'inverse de ce qu'elle avait fait avec moi ! Et même si j'étais assez névrosée pour me perdre dans des relations affectives destructrices, je donnais néanmoins de la reconnaissance, de l'affection et de la protection à ma fille, Cassandre : elle développait sa confiance et son estime de soi, pendant que je détruisais les miennes ! Vous êtes peut-être en train de réaliser que vous avez fait pareil…

Bref, nos parents n'ont pas su nous guider lors de notre première relation amoureuse et sexuelle. À part le légendaire *Si tu reviens enceinte, je te fous à la porte !*, quelles ont été vos conversations à ce propos ? Quels enseignements avez-vous reçus ? Ma mère m'avait mis un livre sous le nez. Et si j'ai compris comment l'ovule choisit le premier spermatozoïde qui tape à la porte, je n'ai jamais su comment choisir celui qui allait le propulser ! Alors, comme vous, je suis partie à l'aventure : essai/erreur, essai/erreur, essai/ erreur… tant va la cruche à l'eau qu'à la fin elle se brise, votre confiance et votre estime aussi. Et quand j'écris « cruche », ce n'est pas une métaphore ! C'est bien ainsi que je me sentais, après chaque erreur. Et je recommençais : essai… erreur ! Croyant chaque fois que je tenais enfin celui qu'il me fallait. Quand j'ai rencontré Jim, le deuxième conjoint, je clamais aux autres femmes : « Ne cherchez pas l'homme idéal, c'est moi qui l'ai trouvé ! Je peux vous en faire une photocopie si vous voulez ! » C'était effectivement celui qu'il me fallait... pour m'enfoncer une bonne fois pour toutes dans ma névrose, et c'est en touchant le fond que j'ai pu remonter. D'ailleurs, heureusement que j'ai arrêté là ma collection de névrosés, car après Jim, j'aurais rencontré l'Antéchrist ou le diable lui-même !

Souvent et malheureusement, notre obsession, dans une première relation, c'est de perdre notre virginité. Et lors de cette première fois, peu ont fait l'amour et beaucoup ont « baisé ». Et « baiser » ne rend pas intelligent ni grand ! « Baiser » ne signifie pas non plus exister. Pourtant, quand vous avez une relation, qui est parfois uniquement sexuelle (!), vous pensez que vous existez... à travers l'autre, qui souvent ne vous voit que comme un objet de plaisir. Dans ce cas de figure, vous ne faites que nourrir votre névrose en nourrissant celle de l'autre.

En matière de sexe, il y a trois vitesses :

- baiser,
- faire la sensualité,
- faire l'amour.

Je vous en expliquerai les nuances dans le chapitre III.

Que diriez-vous de faire l'amour plutôt que de « baiser » ? Mais pour cela, il va falloir changer de « cavalier » et prendre un roi ou une reine !

L'ENFANT INTÉRIEUR : L'ANXIÉTÉ ET LES PEURS

Depuis votre enfance mal-aimée, une sensation de vide s'est installée en vous et a grandi au fil du temps et des mauvaises expériences. Pendant que votre corps se transforme, votre croissance affective stagne : vous restez un enfant à l'intérieur, parce que votre développement psychologique ne se fait pas.

Où est cet enfant? Imaginez-le à l'endroit où une mère porte son bébé: il est logé là, dans vos tripes, et se manifeste au travers de symptômes physiques associés à l'anxiété. Il représente vos peurs, qui ne sont que mirages: c'est bien lui qui les crée, il a beaucoup d'imagination, mais ne produit que des films d'horreur! Il vous pousse dans toutes les addictions, adopte des comportements excessifs et génère une insatisfaction chronique ou une tristesse qui alourdissent de plus en plus votre vie. Il peut vous entraîner jusqu'à la dépression, l'épuisement professionnel, les TOC (troubles obsessionnels compulsifs), les phobies, *etc*. Il cherche un réconfort dans toutes sortes de compulsions, un réconfort illusoire et éphémère alors que les compulsions, elles, seront durables. Le pire étant quand votre enfant intérieur fait appel à une autre personne pour le rendre heureux: soit il profitera de la vulnérabilité de sa proie, soit il se fera dépouiller, au sens propre comme au sens figuré.

▶ DEUX FORCES S'AFFRONTENT EN VOUS : LE CÔTÉ « ADULTE » ET LE CÔTÉ « ENFANT »

Imaginez deux forces en vous, qui sont souvent en conflit: votre côté «adulte» et votre côté «enfant». Si ce dernier prend les commandes, votre côté «adulte» est neutralisé. Il se peut que vous ayez une belle confiance en vous (l'adulte) dans votre vie professionnelle, mais que vous perdiez toutes vos ressources (l'enfant) dans votre vie privée. Un de mes clients, très médiatisé, à l'aise devant une caméra ou en public, faisant preuve d'une belle réussite dans sa carrière professionnelle, était atterré de constater que, lorsqu'il se retrouvait devant une femme qui lui plaisait, il perdait tous ses moyens: transpirant, bégayant, rougissant, tétanisé, il passait donc pour un idiot aux yeux de la belle (vous vous reconnaissez?). Quelle ne fut pas son soulagement d'apprendre que c'était son côté «enfant» qui prenait les commandes; nous avons alors pu étendre sa confiance provenant du domaine professionnel à sa vie privée !

Une situation difficile, une personne qui vous rappelle un de vos parents dans ses comportements négatifs ou une des cinq blessures évoquées plus tôt vous propulsent dans le passé et donc dans vos chaussures d'enfant. Ce stimulus externe vous fait déraper à une vitesse effrayante et vous éprouvez beaucoup de difficultés à reprendre le contrôle : il s'agit de réflexes conditionnés par vos mauvaises programmations.

▸ Réconforter l'enfant intérieur ou lui botter les fesses ?

Certaines philosophies vous conseilleront de réconforter votre enfant intérieur, d'être votre propre parent ; mais si vous faites cela, il va s'installer jusqu'à la fin de vos jours ! Or il ne devrait plus exister, puisque vous êtes adulte. Poussez-le vers la sortie ! Je vous conseille de lui botter les fesses, en vous secouant et en vous motivant : vous êtes une grande personne maintenant, et vous n'avez plus de place dans votre vie pour des peurs d'enfant. Renvoyez-le dans son bac à sable, il n'a plus rien à faire là ! Zinédine Zidane et Tiger Woods, deux grands champions hors-norme, en ont fait les frais : devinez qui était aux commandes quand notre Zidane national donna un coup de tête à un joueur italien en pleine Coupe du monde ou quand Tiger s'est mis à collectionner les poupées Barbie ? Le côté adulte aurait dû dire à Zinédine que l'Italien était « payé » pour le faire craquer, et celui de Tiger, lui conseiller de se concentrer sur sa vie de famille plutôt que sur les extras. Ce fut plus fort qu'eux. Cet enfant que vous voulez réconforter n'est jamais de bon conseil et il est souvent plus fort que vous ; il faut donc donner toute la place à l'adulte au lieu de cajoler l'enfant.

À la fin d'une conférence que je donnais, une femme vint me voir, fâchée par mon discours sur le fait de botter les fesses de l'enfant intérieur. Cette dame, dans la cinquantaine, assistante sociale, brandit sous mon nez une petite peluche, m'expliquant qu'elle représentait son enfant intérieur, qu'elle l'emmenait partout et qu'elle lui parlait dès qu'elle avait besoin d'être rassurée. Je fis une petite tentative, lui demandant si ça ne la tentait pas de laisser toute la place à l'adulte, mais elle devint agressive, clamant qu'elle devait rassurer et cajoler son enfant intérieur et que c'est ainsi qu'elle fonctionnait. Je respectai la stratégie de cette dame et n'insistai pas. Mais à votre avis, réussira-t-elle à grandir ou entretiendra-t-elle ses peurs toute sa vie ?

J'aimerais que vous fassiez la différence entre l'âme d'enfant et l'enfant intérieur. L'enfant intérieur représente vos peurs et votre anxiété. L'âme d'enfant représente votre capacité à vous émerveiller, à vous amuser, c'est votre joie de vivre.

Il est important de conserver votre âme d'enfant, espiègle et farceuse, prompte à l'enchantement et l'enthousiasme. Elle ne vous empêche pas d'être adulte, bien au contraire ! Vous l'utilisez souvent, par exemple, au contact des enfants. C'est elle qui vous permet de profiter de l'instant présent quand vous vous arrêtez une minute pour réaliser toute la beauté de la nature, pour prendre conscience que vous vivez, respirez. Souvent, vous ne riez plus depuis longtemps, le plaisir a fui votre vie et la gaieté aussi : il faut les réactiver ! Sous peine de voir votre enfant intérieur étouffer votre âme d'enfant...

▶ LES MAUVAISES PROGRAMMATIONS SE DÉPROGRAMMENT !

PETITE PRÉCISION : Tout n'est pas uniquement la faute des parents ! Il se peut que vous ayez perdu confiance en vous après des événements malheureux qui se seront produits en dehors du cercle familial. Le cerveau humain fonctionne de la façon suivante : si un événement se reproduit plus de deux ou trois fois, ça devient pour lui une loi de l'Univers. Ne dites-vous pas *Jamais deux sans trois* ? C'est parce que la troisième fois, et la quatrième, et les autres ensuite, c'est vous qui les provoquez ! Un de mes clients se souvient qu'à trois ans, il s'était réveillé de sa sieste pour constater qu'il était seul dans la maison : sa famille l'avait laissé le temps de faire des courses. Terrifié, il s'était senti abandonné (premier événement malheureux : l'abandon). Puis, vers l'âge de douze ans, il avait fait une bêtise et son père l'avait enfermé dans la cave, dans le noir, pendant des heures (deuxième événement malheureux : le rejet). Et enfin, vers l'âge de seize ans, un professeur l'avait accusé injustement d'avoir copié sur son voisin et lui avait mis une note zéro (troisième événement malheureux : l'injustice). D'autres situations de ce style se sont répétées dans sa vie, provoquées par son manque de confiance et d'estime de soi, car ces deux qualités, qui auraient dû se développer avec le temps, ont été malheureusement affectées à chaque blessure infligée.

Pour résumer, une première relation qui finit mal peut en entraîner une autre qui aura la même issue, et ainsi de suite. Au bout de trois relations qui échouent, comment vous sentez-vous ? Pas du tout en bonne position pour réussir la suivante, n'est-ce pas ? D'échec en échec, votre assurance diminue et vous finissez par prendre n'importe qui, découragé. Et ce « n'importe qui » sera pire que tous les autres réunis !

Entendons-nous bien : cela est une explication et ne constitue en aucun cas une excuse. Vous n'êtes pas responsable de vos blessures d'enfant, mais en revanche, une fois que vous en avez pris conscience, vous êtes responsable de les déprogrammer. Parce que ça se déprogramme. Sinon, elles vous suivront toute votre vie et gâcheront chacune de vos relations, en plus de votre quotidien : vous serez tombé dans le syndrome de Tarzan !

▶ Le syndrome de Tarzan

On vient de parler de la dépendance affective, à ne pas confondre avec la dépendance émotive, qui est une conséquence possible (et fréquente) de la première. Pour mettre les points sur les i, voici un petit rappel de leurs définitions.

Dépendance affective : manque de confiance et d'estime de soi prenant souvent ses racines dans l'enfance (manque de reconnaissance, d'affection et de protection de la part des parents) et qui génère un grand vide intérieur, que vous essayez de combler par toutes sortes d'addictions (alcool, drogue, sexe, jeu, travail, autres êtres humains, *etc.*).

Dépendance émotive : dépendance à un autre être humain tel que conjoint, parent, enfant, ami, *etc.* Dans vos relations affectives, cela se traduit de deux façons différentes : soit vous restez agrippé à une personne qui ne vous convient pas, pire, qui vous fait souffrir ; soit vous passez d'une personne à l'autre, par peur de la solitude. Vous dépendez également du jugement des autres.

Quand vous pensez que c'est une autre personne, souvent un conjoint, qui pourra vous rendre heureux parce que vous n'y arrivez pas par vous-même, vous tombez dans la dépendance émotive. Donc, par manque de confiance et d'estime de soi (dépendance affective), vous dépendez totalement d'une autre personne (dépendance émotive). Et vous devenez un adepte de Tarzan, vous accrochant à une liane, ou passant de l'une à l'autre, par peur de tomber dans le vide affectif !

Pourquoi ai-je choisi de renommer la dépendance affective « le syndrome de Tarzan » ? Pour mettre de l'humour où il y a beaucoup de souffrance et parce que l'image est forte : Tarzan a vraiment besoin de ses lianes pour ne pas tomber dans le vide ! Si vous souffrez de ce déséquilibre, vous restez agrippé toute votre vie à la même liane qui ne vous convient pas, ou vous passez de liane en liane, sans jamais vous arrêter, par peur de rester seul. Vous savez, cette peur (d'enfant) viscérale de la solitude qui vous pousse à endurer, supporter n'importe quoi et n'importe qui. Et même si vous êtes capable de bien vivre votre célibat quelque temps, dès qu'une liane se présente, vous vous y accrochez désespérément, comme si votre vie en dépendait. Et parfois, elle en dépend, en effet, pour certains individus plus gravement atteints, ne vont-ils pas jusqu'à se suicider quand ils sont quittés ?

▶ La dépendance émotive se joue par équipe de deux

La dépendance émotive se joue obligatoirement par équipe de deux : un « Desperado » qui donne tout désespérément et un « Trou noir affectif » qui gobe tout et ne rend rien ou très peu, comme les trous noirs dans l'espace. Ils sont les pions, les fous, les tours et les cavaliers : en déséquilibre affectif, ils s'agrippent les uns aux autres, certains sont sauveurs, les autres voulant être sauvés. Ce sont systématiquement des relations dominateur/dominé. Pour la même carence affective, ils développent deux stratégies de survie différentes.

Le Desperado a tout donné à ses parents, sans rien recevoir en retour, et il continue dans sa vie d'adulte : il essaie d'acheter l'amour, la reconnaissance, il veut sauver la planète entière. Il a appris dans son enfance qu'il est responsable du bonheur des autres. Il pense que s'occuper de lui, en priorité, c'est égoïste. Il vous donnera tout, anticipant vos moindres désirs, puis vous sortira le fameux *Après tout ce que j'ai fait pour toi, c'est comme ça que tu me remercies !* Ayant besoin d'être rassuré, il vous demandera plusieurs fois par jour *Est-ce que tu m'aimes ?* et vous reprochera de ne pas l'aimer assez. De toute façon, rien ne pourra le rassurer. Il peut devenir violent quand il réalise qu'il n'obtiendra pas ce pour quoi il a tout donné. Victime, il se plaindra pendant des heures auprès de ses proches qui ne comprendront pas pourquoi il ne quitte pas son bourreau. Lui ne comprendra pas les comportements du Trou noir affectif et quand l'autre s'en ira, il continuera à se demander ce qu'il a fait de mal, il portera toute la responsabilité de l'échec du couple et se tapera sur la tête.

Je passe des heures et des heures à expliquer à un Desperado qu'il ne peut pas rendre heureux son Trou noir affectif de conjoint, ni obtenir reconnaissance, affection et protection de quelqu'un qui en a tellement manqué qu'il l'arrache aux autres ! C'est simple : pourriez-vous exiger qu'une personne qui a les deux jambes coupées courre le cent dix mètres haies ? Pas plus qu'exiger d'un Trou noir affectif qu'il vous aime. Il faudrait d'abord qu'il sache ce que c'est, « aimer ». D'ailleurs, vous ne le savez pas non plus.

LE TROU NOIR AFFECTIF se coupe de ses émotions (il a appris que « ressentir », c'est « souffrir »). Il se peut qu'il ait perdu son père ou sa mère très jeune (décès ou divorce), et son subconscient fera la mauvaise association qu'aimer, c'est souffrir, parce que l'autre s'en va (ou meurt). Il est souvent incapable de s'engager : il gobe tout ce qui passe, exige, extorque, arrache tout ce qu'il peut attraper, très centré sur lui-même. Il veut qu'on le sauve, jouant les victimes, mais ne vous donnera pas grand-chose en échange. Il dira souvent *Tu m'aimes trop, tu m'étouffes*, mais tout ce que vous ferez pour lui ne sera jamais assez. Il vous critique, vous écrase, vous humilie, vous tape sur la tête pour en avoir plus. Le Trou noir affectif a la faculté de vous montrer les meilleurs passages d'un film... que vous ne verrez jamais ! Et vous restez dans le fauteuil de cinéma à regarder la bande-annonce en boucle, espérant que le grand film finira par être projeté !

Il y a deux règles avec le Trou noir affectif.

ARTICLE 1 : Le Trou noir affectif a toujours raison.

ARTICLE 2 : Même quand le Trou noir affectif a tort, il a raison !

Il a tout du dictateur et surtout la faculté incroyable de retourner chaque chose contre vous, jusqu'à vous faire croire que c'est vous le problème, et pas lui. La seule protection contre un Trou noir affectif, c'est de couper les ponts, quand c'est possible. Si vous avez un ou plusieurs enfants avec lui, il/elle n'a pas fini de vous en faire baver...

Dans la réussite comme dans l'échec d'un couple, il y a toujours 50/50 de responsabilité : Desperado et Trou noir affectif portent chacun la moitié de la responsabilité de l'échec de la relation. Leurs névroses s'attirent, mais ils sont incapables d'être heureux ensemble quand ils sont à plus de 4 sur l'échelle de Richter.

L'enfant intérieur du Desperado reconnaît l'enfant intérieur du Trou noir affectif et réciproquement : ils s'attirent comme des aimants ! C'est ainsi qu'ils tombent dans le même piège, dont ils sont prisonniers et ne réussissent pas à sortir ; alors ils se détruisent.

▸ MANIPULATEUR, PERVERS, NARCISSIQUE OU SIMPLEMENT EN SITUATION DE SURVIE ?

J'en ai assez d'entendre parler de « manipulateurs, pervers, narcissiques » au sujet des Trous noirs affectifs... qui ne sont pas plus manipulateurs que les Desperados. Les deux sont en situation de survie : le Desperado manipule en donnant tout pour « acheter l'amour », alors que le Trou noir affectif, qui n'a souvent rien demandé, prend tout et en attend encore plus. Si le Trou noir affectif est un « manipulateur, pervers, narcissique », alors le Desperado est un sacré masochiste ! Car s'il n'y avait pas de Desperados, il n'y aurait pas de pervers qui manipulent de façon narcissique. Les personnes qui répondent à ce style de stratégie de survie, tout prendre à l'autre et le culpabiliser, en plus de l'humilier, ne peuvent exister que face à d'autres qui donnent tout, culpabilisent et se laissent maltraiter : match nul, balle au centre ! Bien sûr, le bon Desperado va pleurnicher et attendrir son entourage, racontant toutes les horreurs que le méchant Trou noir affectif lui fait subir. Pourquoi ne le quitte-t-il pas ? Parce qu'il n'en est pas capable : foutue dépendance ! La responsabilité dans un couple, qu'il soit heureux ou malheureux, c'est 50/50 !

Imaginez que nous soyons tous les deux, vous et moi, au fond de l'eau et qu'il n'y ait qu'une seule bouteille d'oxygène. Celui qui l'aura survivra, l'autre mourra. Eh bien, vous allez me trouver drôlement manipulatrice, perverse et narcissique, parce que la bouteille, moi, je la veux ! Et vous ? En ce qui me concerne, je ne me mets plus dans ce genre de situation, car je sais que j'ai une bouteille d'oxygène intégrée : c'est l'autonomie affective.

La dépendance vous fait courir après la bouteille d'oxygène de l'autre, parce que vous ne savez pas que vous pouvez respirer par vous-même. Vos parents, respirant dans la bouteille l'un de l'autre, n'ont pas pu vous enseigner à respirer dans la vôtre. Ils vous ont peut-être même repoussé, parce que de l'oxygène, ils n'en avaient pas assez pour eux deux ! Donc, vous courez après chaque personne pour « crachouiller » dans sa bouteille, alors que vous êtes capable d'être en autonomie parfaite avec la vôtre. Cela ne veut pas dire que vous souhaitez du mal aux autres. De même, les Trous noirs affectifs ne se lèvent pas le matin en décidant de vous détruire: ils réagissent par mécanisme de survie et non par stratégie de destruction. Quand un sauveteur va chercher une personne qui ne sait pas nager, il se méfie car elle va essayer de s'agripper à lui, au risque de l'enfoncer, non pas pour le noyer, mais pour garder la tête hors de l'eau.

Dans la première partie de ma vie, je fus Trou noir affectif et je me souviens que je n'ai jamais voulu détruire personne (même si j'en ai « abîmé » quelques-uns au passage): je prenais ce que j'avais à prendre et je partais sans me retourner. Jusqu'au jour où je suis tombée sur plus Trou noir affectif que moi et j'ai basculé dans le camp des Desperados. Je ne me suis jamais sentie perverse, narcissique ou manipulatrice, je croyais simplement que c'était comme ça, la vie: je n'avais aucun égard pour ceux que je croisais... dans leur lit. Ils voulaient du sexe (que je croyais!), je leur en donnais, au revoir et merci! Mais ce qu'ils recherchaient, c'était de l'attention, de l'affection et de la reconnaissance. J'étais bien incapable de leur en donner (n'en ayant pas reçu moi-même), mais, en plus, je ne comprenais vraiment pas ce qu'ils me voulaient! Eux s'attendaient aux câlins qui suivent, à dormir collés et au petit-déjeuner... Moi, une fois « l'affaire dans le sac », si je puis m'exprimer ainsi, je bondissais du lit pour rentrer chez moi.

Vous ne parlez pas la même langue: celui qui donne parle chinois et celui qui prend parle russe. Allez-y, essayez de vous comprendre! Le Trou noir affectif n'a pas de passé, pas d'avenir, il vit à la seconde « S », en état de survie permanent. Il peut mentir, déformer la réalité, tout tourner à son avantage et vous faire passer pour le fou, l'hystérique et le déséquilibré. Il la veut, sa (votre) bouteille d'oxygène pour respirer!

La samba des névrosés : je te suis, tu me fuis; je te fuis, tu me suis

Voilà pourquoi une personne en déséquilibre affectif attire une autre personne dans le même cas. Les personnes équilibrées n'attirent pas les déséquilibrées et vice versa. Bienvenue dans le monde de la névrose ! Et comme le Desperado et le Trou noir affectif n'ont pas la même stratégie de survie, souvent celui qui prend tout se croira plus indépendant que celui qui donne tout et s'agrippe à l'autre. Le Trou noir affectif traitera le Desperado de... dépendant affectif !

Un jour, une dame me téléphone et me chuchote : « Je ne parle pas fort, parce que mon mari est dans la pièce d'à côté. Je vous appelle parce qu'il est dépendant affectif et il faudrait qu'il se soigne », me dit-elle d'un ton autoritaire. Ce à quoi je réponds : « Madame, j'ai une grande nouvelle, si votre mari est dépendant affectif, vous l'êtes aussi ! » Elle a raccroché.

Attendez la suite, vous n'avez pas fini d'être surpris ! Si un Desperado rencontre un autre Desperado, savez-vous ce qu'il se passe ? L'un des deux devient Trou noir affectif ! Il en est de même si deux Trous noirs affectifs se rencontrent : l'un des deux deviendra Desperado ! Plus fort encore : dans la même relation, vous pouvez alterner de l'un à l'autre, suivant les comportements de votre partenaire. C'est ce que j'appelle « la samba des névrosés » : je te suis, tu me fuis; je te fuis, tu me suis ! Quand un Desperado en a assez de tout faire pour son conjoint qui ne lui rend rien, il se lasse de courir après l'attention et se retire, devenant Trou noir affectif à son tour. À sa grande surprise, l'autre lui court après, lui promettant monts et merveilles, se traînant à ses pieds, devenant Desperado momentanément. Mais dès que celui qui donne tout reprend du service (chassez le naturel, il revient au galop), le Trou noir affectif se remet à tout prendre. Vous y voyez plus clair dans vos comportements ?

C'est la peur du rejet et de l'abandon qui provoque cette drôle de danse. Peut-être vous reconnaîtrez-vous dans les deux anecdotes qui vont suivre.

Une de mes clientes communiquait sur un site de rencontres avec un homme dont elle ne voulait pas et s'apprêtait à lui envoyer un message pour lui signifier son désintérêt, quand... il le fit avant elle! Je lui fis remarquer que ça tombait bien puisqu'elle n'en voulait pas. « Mais je me sens rejetée! » lança-t-elle.

Un autre client était en train de peindre chez sa copine et, perché en haut de l'escabeau, il se demandait comment lui annoncer qu'il voulait rompre. Soudain, elle s'approcha et lui dit: « Toi et moi, ça ne marche pas, hein? On ferait mieux d'en rester là. » Il faillit bien tomber de son perchoir, la douleur du rejet vissée dans ses entrailles! Il fit tout ce qu'il put pour la reconquérir!

C'EST CELUI QUI ROMPT LE PLUS VITE QUI GAGNE!

Une rupture, c'est comme un duel « à la Lucky Luke »: c'est le premier qui tire qui gagne, mettant l'autre dans le rejet et l'abandon. C'est très difficile de rompre, mais celui qui souffrira le moins sera celui qui prendra la décision: il verra l'autre se rouler à ses pieds pour le garder et sera rassuré de savoir, consciemment ou inconsciemment, que la porte est ouverte s'il veut revenir... Tandis que l'autre tombe dans un gouffre sans fond où il fera nuit et froid tout le temps.

Quand une personne entre dans mon bureau, brisée par une rupture récente, je lui dis chaque fois: « C'est toi qui vas rompre, l'autre ne l'a pas fait: il t'a mise en attente. » Bien sûr, mes clients ne me croient jamais: ils ne savent pas que, lorsqu'ils auront fini de se traîner aux pieds de l'autre, quand ils prendront de la distance avec un soupçon d'indifférence (ce sont les effets du coaching !), l'autre reviendra au grand galop, dans deux cas sur trois ! Je te suis, tu me fuis; je te fuis, tu me suis ! Quand celui ou celle qui quitte sent que l'autre se désintéresse ou rencontre un autre partenaire, c'est la panique !

Soyez bien certain, quand vous quittez votre conjoint, que c'est vraiment ce que vous voulez. Parce que si cette personne s'adresse à Pascale Piquet, quand vous voudrez revenir, la porte sera définitivement fermée ! Mon client aura mis un terme à la relation, ayant compris que c'était un attachement névrotique et non une belle histoire d'amour.

Imaginez que vous preniez votre café dans le même bar tous les matins. La serveuse ou le serveur, au physique peu avantageux, prend grand soin de vous et vous drague tous les jours en vous disant: « Vous me plaisez. Pour moi, c'est quand vous voulez ! » Souvenez-vous que cette personne ne vous plaît pas, mais alors pas du tout ! Et un matin, elle vous ignore et jette son dévolu sur quelqu'un d'autre : comment vous sentez-vous ? Rejeté ! C'est très sensible, le bouton « rejet » !

▶ Violence conjugale : je t'aime, je te hais !

Trou noir affectif ou Desperado, ils sont terrifiés par la solitude et, même dans les cas de violence conjugale, ni l'un ni l'autre n'est capable de partir. N'allez pas croire que c'est uniquement le Trou noir affectif qui frappe : un Desperado qui ne se voit pas être récompensé par ses efforts pour vous acheter peut devenir très violent. Les enfants intérieurs vont s'affronter, la violence verbale ouvre le bal, puis les coups suivent. Et le pire dans tout ça, c'est qu'autant les deux peuvent se haïr dans la dispute, autant ils croiront s'aimer dans la réconciliation à travers le sexe, mais ils ne se réconcilient pas, ils se rassurent. L'acte sexuel démontre que l'autre est bien là, malgré les horreurs dites et/ou faites : deux enfants terrifiés qui s'agrippent l'un à l'autre. Ce n'est pas de l'amour. On a vu des femmes se prostituer pour un homme qui leur portait un peu d'attention...

J'ai été Trou noir affectif jusqu'au jour où j'ai rencontré mon futur mari, Jules, plus Trou noir affectif que moi : j'ai voulu le sauver et j'ai coulé avec lui. Il en a été de même avec le deuxième ! Je me battais physiquement avec les deux, ils avaient le don de me faire sortir de mes gonds et les coups étaient bien la seule chose qu'ils me rendaient ! Et devinez ce que nous faisions après chaque match de boxe ? Eh oui, nous avions une relation sexuelle pour nous rassurer ! Est-ce normal d'accepter de recevoir des insultes et des coups de la personne qui est censée vous aimer ? Tout ça pour se réconcilier sur l'oreiller ?

Dans un salon du livre, un homme m'a fait ce commentaire : « Si une femme reste avec un mari qui la frappe, c'est qu'elle doit aimer ça, sinon, elle partirait ! » Je l'ai regardé droit dans les yeux et je lui ai demandé : « Si je vous emmène en haut du Grand Canyon et que je vous donne le choix, soit je vous frappe, soit vous sautez dans le vide, que choisissez-vous ? » Le gars a réfléchi et répondu, un peu piteux : « Je préfère me laisser frapper... » Alors, je lui ai expliqué qu'il venait de comprendre la dépendance émotive.

Pour une personne en dépendance, quitter son conjoint, même s'il la détruit, c'est sauter dans le vide et mourir. Elle préférera endurer tout et n'importe quoi plutôt que cette sensation de tomber dans un gouffre sans fond, où il fera froid et nuit tout le temps, sa vie totalement désarticulée et anéantie.

La violence conjugale, comme toute forme de violence, commence avec le manque de respect. C'est à vous de déterminer les mots et les gestes qui démontrent que l'autre vous respecte, ainsi que les mots et gestes qui prouvent le contraire, et de réagir à temps. Vous pouvez avoir de petites altercations, mais attention à ne pas franchir certaines limites, quelles que soient les conditions. Quand une main se lève, la prochaine fois, elle risque de frapper.

▶ CHEZ LES ADEPTES DE TARZAN, C'EST TOUJOURS UNE RELATION DOMINATEUR/DOMINÉ

À ce stade, vous avez identifié dans quelle catégorie, jusqu'ici, vous avez passé votre vie affective, alternant peut-être de Desperado à Trou noir affectif, selon les relations. Il faut comprendre que, dans la névrose, l'un domine l'autre : le Desperado place le Trou noir affectif au-dessus de lui et se laisse donc écraser. Et le Trou noir affectif finit par le mépriser de se laisser dominer : plus il l'écrase, plus l'autre se laisse écraser et plus il le méprise, donc il l'écrase. Comprenez-vous la dynamique ? Vous laisser écraser n'attire pas l'amour mais le mépris de l'autre. De tous les autres, car le processus est identique dans votre vie sociale et professionnelle. Eh oui, vous êtes également Desperado ou Trou noir affectif dans toutes les sphères de votre vie. Là encore, vous pouvez alterner : ma mère était un terrible Trou noir affectif avec mon père et moi, mais Desperado dans son boulot ! Tout dépend sur qui vous avez le dessus et sur qui vous ne l'avez pas. Dans ce monde de dominateurs/dominés, c'est la loi de la jungle ! Si vous sentez que vous avez le dessus sur quelqu'un, vous le dominerez, sinon, vous vous laisserez dominer.

Encore une fois, le Trou noir affectif et le Desperado réagissent tous deux par peur : le premier écrase par peur d'être écrasé (la meilleure défense, c'est l'attaque !) et l'autre se laisse écraser pour survivre. Une relation fondée sur la peur et la domination, ça vous tente ?

▶ L'ÊTRE HUMAIN : UN DÉPENDANT AFFECTIF ?

Cessez de croire que tous les êtres humains sont dépendants affectifs : seulement 98 % d'entre eux le sont, alors que 2 % y échappent ! Vous sursautez : je sais, c'est peu. Sur quoi je me fonde pour annoncer ce chiffre ? Combien de personnes connaissez-vous qui soient vraiment heureuses (méfiez-vous des imitations !), c'est-à-dire épanouies en couple ou célibataires, ayant le bon travail, le bon domicile, une belle confiance en elles et une belle estime de soi, positives, capables de faire face à n'importe quelle situation, n'ayant plus aucune peur d'enfant et qui ont toujours le sourire ? Combien ? Vous en connaissez maintenant une de plus : moi !

Et même s'il n'y a que 2 % de la population qui sont parfaitement heureux ou qui cherchent les solutions pour l'être, ils démontrent que vous n'êtes pas obligé d'accepter la dépendance affective, puisque vous pouvez faire partie de ces 2 %. Si d'autres l'ont pu, comme moi, vous le pouvez. Effectivement, l'être humain est un animal de meute, il est fait pour vivre en société, en famille et en couple, mais pas avec n'importe qui ni à n'importe quel prix ! Passé vingt ans, vous devriez être capable de vivre seul, si vos parents vous ont bien éduqué. Si vous continuez à courir après l'affection, c'est que vous en dépendez, incapable de vous en passer. De vous passer de quoi ? De ce que vous n'avez pas, ou peu, reçu dans votre enfance. C'est bien le paradoxe de la dépendance affective : vous dépendez de ce que vous n'avez pas eu ! Tel un chien faisant le beau, vous attendez que vos parents, ou d'autres, vous donnent enfin le « susucre » que vous ne réussissez pas à attraper : reconnaissance, affection et protection.

Combien de mes clients ont attendu que leurs parents manifestent la moindre attention, et ils m'en parlent en pleurant, du haut de leurs trente, quarante, cinquante, soixante et même soixante-dix ans ! Qui pleure, à votre avis ? L'enfant blessé. Victime de vos parents, vous restez dans le passé, refusant de grandir, attendant l'affection comme on attend un train dans une gare désaffectée ! Ma mère ne m'a jamais aimée et ne m'aimera jamais et je ne l'aime pas non plus : aucun lien ne s'est créé, j'ai été élevée par mes grands-parents. Comme elle était toxique, je l'ai sortie de ma vie le jour où j'ai compris que je n'avais jamais vraiment eu de mère et que je pouvais parfaitement m'en passer. Je suis fille unique, mon père est décédé, mes grands-parents aussi, la famille qui me reste vit en France et moi, au Québec, en relation longue distance avec mon roi et ma fille qui voyage de par le monde. Quand vous êtes autonome affectivement, vous n'êtes plus dans le besoin d'être entouré. Et si vous êtes entouré, ce n'est plus un besoin, c'est un plaisir !

▶ INCONSCIEMMENT, VOUS RECHERCHEZ VOS PARENTS DANS L'ATTITUDE DE VOS CONJOINTS

Jusqu'ici, vous n'avez connu des relations affectives fondées que sur la peine, sur les insuccès : vous reproduisez le même schéma à l'infini, qui débouche toujours sur les mêmes échecs. Vous en ressortez complètement aigri, anéanti, parfois suicidaire. Croiser tant de pions, de fous, de tours et de cavaliers pour revenir systématiquement à la case départ, de nouveau seul, encore plus découragé, la confiance et l'estime de soi dans les chaussettes : ça démotiverait le plus vaillant des chevaliers !

Pour sortir de ce cercle vicieux, il faut commencer par prendre conscience d'une chose fondamentale : tous vos partenaires agissaient comme vos parents ou, en tout cas, comme celui qui fut votre bourreau, votre père ou votre mère. En résumé, les relations affectives que vous connaîtrez avec les conjoints que vous attirerez ne seront que la reproduction des relations affectives que vous aurez vécues avec vos parents de zéro à quinze ans.

S'ils vous ont abandonné, vous chercherez des partenaires qui vous abandonneront, si votre mère vous humiliait, votre compagnon le fera aussi, si votre père vous battait, votre conjoint vous frappera également (ou bien c'est vous qui serez violent). Vous avez appris le français dans votre famille, donc vous parlez le français dans votre vie d'adulte. Si vos parents vous ont enseigné le rejet, l'abandon, l'humiliation, la violence, vous chercherez inconsciemment des conjoints parlant la même langue que celle que vous avez connue dans votre enfance.

Ma mère était mon bourreau dans mon enfance : dominatrice, incapable de la moindre attention, du moindre compliment ou du moindre encouragement ; je n'en faisais jamais assez (vous reconnaissez quelqu'un ?) et je n'étais douée pour rien. Je suis allée chercher ma propre mère (Trou noir affectif de première !) dans les deux conjoints que j'ai eus : des hommes (des enfants ?) incapables de reconnaître mes qualités, qui n'en avaient jamais assez, incapables d'être heureux, souffrants, toujours insatisfaits, violents et humiliants. Le plus comique, c'est que Jim (le deuxième) et ma mère étaient tellement semblables qu'ils ne pouvaient rester dans la même pièce sans se disputer !

Si, au contraire, vos parents vous ont toujours aimé, soutenu, vous démontrant leur affection, vous encourageant, votre confiance et votre estime de soi auront grandi avec vous. Il y a donc de grandes chances pour que vous deveniez un adulte épanoui, qui développera une belle relation amoureuse. Peut-être pas du premier coup, on peut se tromper, mais dès le début de votre vie amoureuse vous saurez exactement ce que vous voulez. Et si les deux ou trois premières tentatives n'aboutissent pas, vous vous respecterez en quittant les personnes, au lieu de vous laisser maltraiter. Vous choisirez donc quelqu'un qui, comme vos parents, vous aimera et que vous aimerez. Vous avez été programmé pour comprendre que le bonheur existe, dans une relation fondée sur l'amour, le respect et l'égalité. Si vos parents vous «parlent» reconnaissance, affection et protection, c'est exactement la langue que vous parlerez dans votre vie d'adulte et dans votre couple.

▶ FAITES LA DIFFÉRENCE ENTRE BESOIN ET PLAISIR

Quand vous intégrez la différence entre besoin et plaisir, vous déterminez si vous êtes dépendant ou non. Il n'y a que trois éléments vitaux sans lesquels l'être humain mourrait: oxygène, eau, nourriture. Pour le reste, si *vous ne pouvez pas vous en passer*, comme vous le dites si bien, ça sent la dépendance à plein nez!

PLAISIR ⇨ AUTONOMIE ⇨ LIBERTÉ

BESOIN ⇨ DÉPENDANCE ⇨ SOUMISSION

Posez-vous les questions suivantes: Suis-je dans le *besoin* de rencontrer quelqu'un ou est-ce que ça me ferait *plaisir* si ça arrivait (je suis heureux célibataire)? Suis-je dans le *besoin* de boire de l'alcool ou dans le *plaisir*, puisque je peux m'en passer? Suis-je dans le *besoin* de voir mes amis ou bien est-ce un *plaisir*, et s'ils ne sont pas libres, puis-je m'organiser seul? Comment vous sentez-vous les vendredis et samedis soir quand vous n'êtes pas invité ou quand vous ne sortez pas? Est-ce un *plaisir* de sortir ou un *besoin*?

Maintenant que vous êtes adulte, avez-vous besoin de vos parents ou êtes-vous dans le plaisir avec eux? La culture judéo-chrétienne vous oblige à garder vos parents dans votre vie, à n'importe quel prix. Même s'ils sont humiliants, destructeurs et s'ils entravent votre épanouissement, vous serez porté à croire qu'un jour ils pourraient changer. Vous pensez avoir besoin de vos parents pour différentes raisons, de même que vous pensez avoir besoin d'être touché physiquement pour avoir la sensation d'exister... Pourtant, je peux vous assurer que vous pouvez vivre par vous-même, sans dépendre de qui que ce soit. Cette reconnaissance, cette affection et cette protection que vous attendez tant des autres, c'est à vous de vous les donner : il est temps de prendre le relais... Quand vous serez dans le plaisir avec vous-même, vous ne serez plus dans le besoin des autres, dépendant et soumis.

J'aime cette phrase de Sacha Guitry : « Vouloir plaire à tout le monde, c'est vouloir plaire à n'importe qui. » Souhaitez-vous plaire à n'importe qui ? L'autonomie affective, c'est être dans le plaisir avec les autres et non dans le besoin. Au lieu de vous brader en vous donnant au premier qui passe, que diriez-vous de vous respecter assez pour choisir soigneusement les personnes que vous fréquentez ?

▶ ATTENTION : SEVRAGE PHYSIQUE, ÇA FAIT MAL !

Attention, quand vous êtes en dépendance émotive, après une rupture, vous croyez avoir besoin d'être touché, caressé, vous croyez avoir besoin de sexe... Une phase de sevrage et donc de manque (au sens médical du terme) est nécessaire, comme pour toute dépendance à un autre produit. Il faut en être conscient. Ça fait mal dans le corps quelque temps. Puis ça s'estompe et le calme revient. L'abstinence est la seule façon de savoir si vous êtes en dépendance. C'est là que les plaisirs solitaires prendront le relais : vous pouvez tout de même entretenir votre libido ! Une fois que vous aurez réglé votre problème de dépendance affective (en développant confiance et estime), vous pourrez recommencer à recruter sans craindre de vous attacher à la première personne qui passe par peur de la solitude. Si vous ne respectez pas cette période d'abstinence, vous resterez fragile et risquerez de repartir pour un tour avec un partenaire pire que le précédent, ou bien de tomber dans le travers inverse : devenir un « indépendant affectif », incapable de s'engager avec quiconque par peur de souffrir. Donc, vous ferez souffrir les autres !

Si j'ai été abstinente sexuellement pendant plus de dix ans, ce n'est pas parce que je m'étais levée un beau matin en décidant que je n'aurais plus de relations sexuelles. Au début, j'étais méfiante : je n'avais pas compris pourquoi ma dernière relation, comme l'avant-dernière, avait failli tourner au drame. Il m'a fallu d'abord le temps de prendre conscience de mon problème de dépendance affective et de le régler. Puis j'ai cessé d'attirer les pions, fous, tours et cavaliers, et d'être attirée par eux : je n'avais plus envie d'aventures sexuelles, mais d'une relation équilibrée. D'ailleurs, entre 2002 et le moment où jai rencontré mon roi, aucun homme ne m'avait donné envie de sexe : je comprends maintenant la Belle au bois dormant. J'étais plutôt la Belle à la libido dormante ! Et comme j'avais programmé mon GPS pour qu'il mène mes pas vers le meilleur des hommes pour moi, aucun candidat n'avait attiré mon attention jusqu'à la rencontre de l'homme que j'aime aujourd'hui.

Souvenez-vous que ce n'est pas le besoin d'affection qui vous fait courir, mais le besoin de reconnaissance : si tu me touches, tu me reconnais. L'affection est la preuve que les autres voient que vous existez. Paradoxalement, un enfant battu aura plus de résilience qu'un enfant abandonné et donc ignoré. C'est selon ce même principe que certaines personnes en déséquilibre affectif préfèrent être maltraitées plutôt qu'être abandonnées : si tu me frappes, c'est que tu me vois, donc j'existe. Tout et n'importe quoi plutôt qu'être ignoré…

L'erreur que commet une femme qui veut être reconnue comme une belle femme est de mettre un décolleté profond, une robe moulante (peut-être trop courte) et de s'exhiber dans un bar ou une boîte de nuit. Elle envoie le mauvais message aux hommes : ils croient qu'elle veut du sexe, puisqu'elle met sous leur nez ses appâts généreux ! L'un d'entre eux s'approche, elle pense qu'il la trouve belle, ils couchent ensemble et elle s'étonne que le lendemain matin il saute dans son pantalon et s'enfuie. L'objectif de cette femme ? La reconnaissance. Le message reçu par l'homme ? Sexe facile.

Comprenez que certaines personnes vous toucheront à travers l'acte sexuel sans pour autant vous aimer. Le besoin de reconnaissance vous pousse à tout donner, jusqu'à votre corps, pour exister à travers le regard de l'autre : un compliment, une attention, un sourire, le désir. C'est donc la reconnaissance plus que l'affection qui vous fait courir : imaginez ce qui se produirait si vous n'aviez plus besoin de ce regard des autres, vous reconnaissant vous-même comme quelqu'un de bien, sans attendre que les autres vous le disent.

▶ LES EXTRÊMES NE S'ATTIRENT QUE CHEZ LES ADEPTES DE TARZAN

Lors d'une conférence, je remarquai une dame, au deuxième rang, qui se mit à pâlir à l'écoute de mes propos sur les extrêmes qui ne s'attirent que chez les adeptes de Tarzan. Je lui demandai ce qui n'allait pas et elle répondit que, pour elle, les extrêmes s'attiraient et que c'était un fait. Je lui proposai d'en reparler quand elle aurait écouté ma théorie jusqu'au bout. Je parlai donc du Desperado (se reconnut-elle ?) et du Trou noir affectif (reconnut-elle ceux qu'elle avait rencontrés ?) tout en l'observant : elle se décomposait à vue d'œil ! Puis, soudain, elle reprit des couleurs, se redressa et finit par éclater de rire. Elle venait de briser une croyance limitante : elle était persuadée, depuis de nombreuses années, qu'elle devait trouver son opposé. L'année suivante, elle me rendit une petite visite avant une autre conférence et m'annonça qu'elle avait trouvé son roi !

Chez les personnes équilibrées, l'amour naît entre deux êtres qui ont les mêmes valeurs, les mêmes croyances, ont confiance en elles-mêmes et en l'autre, vivent le respect et la même détermination au bonheur. Elles sont complémentaires. En aucun cas elles ne sont extrêmes ou opposées !

Imaginez une femme dépensière avec un homme avare, une femme volage avec un homme fidèle, une personne qui adore les sorties avec un ermite, un introverti avec une extravertie, une personne aimant la campagne avec quelqu'un qui adore la ville : ont-ils des chances d'être heureux ?

▶ Ce n'est pas de l'amour, c'est de la névrose !

Quand un Desperado rencontre un Trou noir affectif, il ne s'agit pas d'une belle histoire d'amour, mais d'une rencontre de névroses : la névrose de l'un va nourrir la névrose de l'autre et réciproquement. Ce n'est pas de l'amour, contrairement à ce que vous croyez, même si vous avez ressenti quelque chose de très fort dans vos tripes : c'est de l'attachement névrotique. Ce sont simplement les deux enfants intérieurs qui se sont reconnus : un Desperado et un Trou noir affectif au même degré de déséquilibre ! Diriez-vous que vous aimez la drogue ou l'alcool quand vous en êtes dépendant ? C'est pourquoi, même conscient que l'autre vous maltraite, vous ne pouvez vous en éloigner. Il est un pourvoyeur, un *dealer* d'affection qui ne vous en donnera jamais assez. Pour vous, couper toute relation avec lui, c'est sauter dans le vide : c'est crever. Vous pouvez tout endurer, tout supporter, n'importe quoi plutôt que la solitude.

Voilà pourquoi vous pensiez que « l'amour est proche de la haine » : vous croyiez aimer celui qui devait vous rendre heureux, votre *dealer* d'affection, mais le jour où il s'en va, vous le haïssez parce qu'il part avec votre drogue. Et s'il revient, vous l'aimez de nouveau ! Passer de l'amour à la haine presque instantanément vous paraît-il logique ? Y aurait-il un interrupteur amour/haine ?

L'amour est l'opposé de la haine. On ne peut pas aimer et « désaimer », encore moins instantanément.

Trouvez-vous normal de penser « qu'aimer, c'est souffrir » ? Je vous demande simplement de considérer cette équation :

AIMER = ÊTRE HEUREUX !

Est-ce que ça ne vous paraît pas plus logique ?

Et si vous n'aviez jamais aimé ? Si vous aviez juste connu des attachements névrotiques ? Et si l'amour, c'était bien plus beau que ce que vous avez vécu jusque-là ? En ce qui me concerne, si j'avais pensé que l'amour était ce que j'avais vécu avec les deux premiers conjoints, j'aurais préféré épouser Dieu plutôt qu'un autre névrosé !

Mais pour être heureux en amour, il faut y être préparé, d'où la nécessité de mettre la dépendance affective en échec et mat. Dans le cas contraire, même si vous tombez sur un roi ou une reine, vous réagirez en bon névrosé... vous fuirez ! La personne équilibrée, peut-être faite pour vous, ne vous intéressera pas : ce serait trop simple, elle ne vous ferait pas souffrir ! Et de toute façon, si ce n'est pas vous qui partez en courant, c'est elle qui vous fuira (une saine réaction !).

COMMENT FAIRE LA DIFFÉRENCE ENTRE AMOUR ET DÉPENDANCE ?

Un homme me confia un jour qu'il avait lu mon premier livre, *Le syndrome de Tarzan*, et ne se sentait pas du tout concerné par la dépendance affective. « Tant mieux », lui répondis-je. J'ai découvert ensuite qu'il aimait les femmes qui lui faisaient des scènes, cassaient la vaisselle, bref qui avaient « du tempérament », comme il le disait si bien. Lui dont la passion était son bateau et la mer était tombé sur la compagne de ses rêves : elle lui faisait des crises de jalousie terribles et lui avait interdit d'aller en mer, sous peine de retrouver sa valise sur le pas de la porte. Elle l'avait aussi coupé de sa famille et de ses amis, puis forcé à vendre son bateau. Finalement, elle l'avait maté et « démâté » !

Est-ce une belle histoire d'amour ? Pensez-vous que la jalousie démontre que l'autre vous aime ou plutôt qu'il vous possède comme un vulgaire objet ?

Chez les personnes équilibrées :
Aimer, c'est donner ET recevoir.

Chez les adeptes de Tarzan :
Aimer, c'est donner OU recevoir.

Quand vous donnez parce que l'autre exige, quand vous changez toute votre vie pour l'adapter à celle de votre partenaire, quand vous vous oubliez, vous conformant à ce que l'autre veut et aime, dans quel piège pensez-vous que vous tombez ?... Ayant trop souffert dans vos relations amoureuses, souvent parce que le dernier partenaire vous aura plaqué, vous décidez que c'est terminé : vous préférez rester seul, plutôt que repartir faire un tour en enfer. C'est un bon réflexe, dans un premier temps. Mais dans un deuxième temps, la bonne idée, c'est de comprendre pourquoi vous vous acoquiniez avec les mauvaises pièces et comment rencontrer votre roi/reine !

L'INDÉPENDANT AFFECTIF : IL N'ÉCHAPPE PAS À TARZAN !

Vous souriez, vous qui ne vous attachez jamais, batifolant çà et là au gré des vents et des marées, choisissant les aventures sans lendemain. Magnifique Trou noir affectif, vous butinez de fleur en fleur, sans jamais vous poser, prenant ce qui vous nourrit, sans même dire merci.

Vous vous croyez épargné par la dépendance affective. Eh bien non, vous ne l'êtes pas: vous souffrez du même mal que ceux qui s'agrippent aux lianes, mais vous ne le manifestez pas de la même façon. Vous faites souvent partie de ceux qui ont perdu un parent et associent l'attachement à la souffrance. Le simple fait de refuser une liaison durable démontre votre comportement d'indépendant affectif: votre manque de confiance et d'estime de soi vous pousse à vous retrancher derrière une vie de célibataire. Par peur de la dépendance, vous devenez indépendant.

Dépendant ou indépendant, vous perdez toujours au grand jeu des échecs amoureux. Et ce, parce que vous avez une vision faussée de ses règles.

Le Desperado respecte des règles qui sont ses propres valeurs. Il ne lui vient même pas à l'idée qu'il pourrait tomber sur quelqu'un qui ne partage pas les mêmes valeurs ou, pire, qui ne respecte rien.

Le Trou noir affectif n'a aucune règle, sinon celles qu'il invente au fur et à mesure et qu'il retourne tout le temps contre le Desperado. Sa seule règle: sa survie.

Donc, si vous êtes Desperado, vous jouez à un jeu dont vous respectez les règles contre quelqu'un qui n'en respecte aucune. Le Trou noir affectif peut vous mentir, vous tromper, vous dominer, vous utiliser, vous isoler, vous humilier, détruire votre confiance et votre estime de soi, rien ne l'arrêtera puisque c'est pour la bonne cause : la sienne ! Il agit ainsi pour respirer, par stratégie de survie, pas dans le but précis de vous détruire.

Vous, le Trou noir affectif, vous jouez à un jeu dont vous édictez les règles, vous arrangeant pour gagner à tout coup, prenant l'autre pour un pion que vous transformez en fou quand il manifeste ses frustrations et fait des colères : il est aussi proche de ses émotions que vous êtes coupé des vôtres.

Beaucoup de mes clients ont repris leur destin en main à partir du moment où ils ont eu conscience des programmations qui les obligeaient à tourner en rond dans leur vie sentimentale. Ce fut mon cas également : j'ai porté jusqu'à quarante ans la tenue léopard de Tarzan, me balançant de liane en liane, de plus en plus névrosée. Pourtant, j'étais habituée à vivre seule et je l'appréciais, mais dès qu'un beau ténébreux bien souffrant s'approchait, je m'acharnais à le sauver ! Une fois les rouages de la dépendance affective démontés, je n'avais plus à rougir de ce que j'avais fait ou supporté : je ne pouvais qu'en rire (j'en ris encore !) pour en guérir !

☆

Maintenant que la lumière est faite sur le syndrome de Tarzan et que vous avez compris vos comportements et pourquoi vous n'attiriez que des pions, des fous, des tours et des cavaliers, mettons à jour votre objectif.

III

Votre objectif: prendre le roi/la reine

☆

JUSQU'ICI, VOUS VOUS ÊTES FIÉ À VOTRE RADAR (BRANCHÉ SUR votre peur de la solitude!), qui détecte toute présence humaine, et vous avez sauté sur tout ce qui bougeait. Ou presque… J'exagère? Enfin, je voulais dire que vous avez sauté sur la première personne que vous avez attirée ou qui vous a attiré. Programmez donc plutôt votre GPS afin qu'il vous guide vers le meilleur des hommes ou la meilleure des femmes pour vous: un roi ou une reine! J'avais entré les coordonnées de mon roi dans le mien: sachant exactement qui je voulais! C'est pourquoi les hommes ne m'intéressaient pas: je voulais juste celui qui était fait pour moi.

Tout d'abord, quelle que soit l'action que vous entreprenez, il est primordial de déterminer précisément votre objectif, qui doit être positif, précis, atteignable et réalisable.

Une fois l'objectif déterminé (prendre le roi/la reine), il ne reste plus qu'à mettre au point la stratégie qui vous conduira tout droit vers votre cible, étape par étape: vous n'aurez plus qu'à la suivre, sans vous poser de questions. Réflexion/action! J'aime l'exemple de la liste de courses: une fois qu'elle est établie, vous n'avez plus qu'à entrer dans le magasin, prendre chaque produit noté et vous ressortez en moins de temps qu'il n'en faut pour le dire, au lieu de flâner entre les rayons, d'acheter l'inutile et d'oublier l'essentiel. Vous me suivez ?

Voici ce que j'enseigne à mes clients : quel que soit votre objectif (positif, précis, atteignable et réalisable), il suffit de vous asseoir quelques minutes avec un papier et un crayon (ou derrière un ordinateur, soyons modernes !) et d'écrire en haut de la feuille ce que vous voulez réaliser, puis d'en indiquer les étapes, la première démarrant en bas de la feuille et vous remontez.

La première chose à faire est de valider votre objectif. Prendre votre roi/reine est-il un objectif atteignable et réalisable ? La réponse est « oui », encore faut-il que vous en soyez persuadé ! Je vous le répète donc : tout le monde peut atteindre cet objectif, avec la bonne stratégie !

Pour commencer, il vous faudra accepter que le meilleur des hommes ou la meilleure des femmes existe pour vous – votre roi/reine. La technique « tête-cœur-tripes » vous y aidera. Puis vous balaierez vos croyances limitantes, découvrirez ce qu'est le « site Internet subliminal », apprendrez à protéger votre « environnement » contre les pions, fous, tours et cavaliers, et enfin à reconnaître les rois et les reines.

▶ Acceptez qu'il existe un roi/une reine pour vous

La technique TÊTE-CŒUR-TRIPES que je vous présente ici peut vous aider à avancer de manière plus consciente et éclairée dans votre cheminement de vie.

Afin de déterminer si vous êtes parfaitement en accord avec une décision, une pensée ou une croyance, il vous faudra sentir la réponse à trois niveaux :

- la tête (*la raison*),
- le cœur (*l'intuition*),
- les tripes (*les peurs ou la confiance*).

Pour savoir si vous êtes prêt à accepter qu'il existe un roi/ une reine pour vous, voici les messages que votre tête, votre cœur et vos tripes doivent vous envoyer quand vous vous posez la question à ces trois niveaux:

— TÊTE: «Je suis capable de rencontrer quelqu'un de bien.»

— CŒUR: «Je sens que je mérite quelqu'un de bien parce que je suis quelqu'un de bien.»

— TRIPES: «J'ai confiance en le fait que je vais rencontrer quelqu'un de bien.»

Dans ce cas, les trois niveaux sont en harmonie et vont dans la même direction. Et vous, que ressentez-vous quand vous vous posez cette question?

Peut-être que votre tête vous dit «non», car elle pense que vous n'en êtes pas capable, alors que vous sentez dans votre cœur que vous le méritez parce que vous êtes quelqu'un de bien: vous avez un conflit à gérer. Parfois, c'est la tête qui dit «oui», mais le cœur n'y est pas. Ou encore la tête et le cœur sont d'accord, mais au niveau des tripes, ça ne passe pas: les peurs vous freinent. Il est indispensable que ces trois niveaux soient en phase pour former une équipe gagnante. Je vais vous y aider.

Il est courant que des clients doivent faire ce travail en séance avec moi, particulièrement dans le cas où ils ne sont plus du tout heureux avec leur conjoint (s'ils l'ont jamais été... les dix premiers jours ou la première année!) et souhaitent le quitter. Souvent, la raison (la tête) leur dit que c'est la bonne chose à faire: ils voient bien qu'ils sont malheureux. Puis l'intuition (le cœur) leur dicte de déguerpir. Mais les peurs (les tripes) refusent ! En fait, c'est parce qu'ils ont un attachement à la relation (pas au conjoint !) et ils espèrent toujours (depuis parfois des dizaines d'années !) que l'autre va redevenir celui qu'ils croyaient qu'il était.

Donc, leur tête et leur cœur sont d'accord, mais ils écoutent leurs tripes, qui, elles, sont terrifiées à l'idée qu'il se retrouve seul et, pire, à l'idée de ne plus jamais rencontrer un autre partenaire ! Parce que la peur vous projette dans un avenir de solitude plutôt que des lendemains radieux avec quelqu'un de bien. Pourquoi imaginez-vous toujours le pire ?

Il faut avoir confiance en vous pour écouter votre tête, votre cœur et pas seulement vos tripes. D'ailleurs, ne dit-on pas d'un individu qui n'a pas froid aux yeux qu'il « a des tripes » ? Ne dit-on pas « avoir la peur au ventre » ? Comprenez-vous pourquoi je situe l'enfant intérieur dans cette région de votre corps ?

Pour commencer, si vous ne croyez pas à l'amour, vous êtes mal parti ! Vous courez après quelque chose qui n'existe pas à vos yeux ! Allons, allons, vous le savez, au fond de vous (cœur ?), qu'il existe ! Si vous ne connaissez aucun couple amoureux et heureux, moi j'en connais. Donc, faites-moi confiance, l'amour existe ! On y va ?

Voyons ce qui vous freine et à quel niveau, en cochant les réponses ci-dessous :

a) Méritez-vous un roi/une reine ?

Tête	❑ oui	Cœur	❑ oui	Tripes	❑ oui
	❑ non		❑ non		❑ non

b) Existe-t-il un roi/une reine pour vous ?

Tête	❑ oui	Cœur	❑ oui	Tripes	❑ oui
	❑ non		❑ non		❑ non

c) Êtes-vous en mesure de trouver votre roi/reine ?

Tête	❑ oui	Cœur	❑ oui	Tripes	❑ oui
	❑ non		❑ non		❑ non

d) Le bonheur existe-t-il à deux ?

Tête	❑ oui	Cœur	❑ oui	Tripes	❑ oui
	❑ non		❑ non		❑ non

Si les trois niveaux ont répondu « oui » à chacune des questions, vous êtes prêt à avancer sur l'échiquier. Sinon, j'ai deux propositions à vous faire. Soit vous répondrez de nouveau à ces questions quand vous aurez terminé de lire ce livre : il vous aura permis de détruire certaines croyances limitantes qui vous freinent (nous allons les aborder). Soit vous utilisez le « fais comme si », parce qu'en *faisant comme si* vous aviez répondu « oui » aux quatre questions, aux trois niveaux différents, vous pourriez bien voir vos freins sauter naturellement pendant la découverte de la stratégie. Ne froncez pas les sourcils, ça pourrait fonctionner, je vous assure !

▶ Les croyances limitantes : tout ce que vous croyez et qui est… faux !

Si l'un ou plusieurs niveaux bloquent, c'est que vous avez des croyances limitantes ou « virus de pensées » : des phrases qu'on vous a répétées, que vous avez crues (une sorte de lavage de cerveau) et qui vous ont fait perdre confiance en vous, telles que : « Tu ne vaux rien », « Tu ne mérites pas », « Tu n'es pas capable. » Celles qui vous touchent le plus directement viennent souvent de vos parents. Encore eux ! Ce qui sort de leur bouche est parole d'Évangile pour un enfant. Qui croire sinon eux? Pourtant... La phrase qui m'a suivie très longtemps venait de ma mère: «Tu n'es pas douée pour ceci, tu n'es pas douée pour cela», du coup j'avais toute une liste de choses pour lesquelles je n'étais pas douée, mais aucune idée de ce que je savais faire... Il m'a fallu quarante ans pour le découvrir!

Comment vos parents auraient-ils pu vous faire comprendre qu'il existe des rois et des reines s'ils n'en faisaient pas partie eux-mêmes? Comment pourriez-vous mériter un roi/une reine puisque vous ne valez rien (d'après eux) et que ça n'existe pas? Pas plus que le bonheur en couple, puisqu'ils vous disaient que *l'amour, ça ne dure pas* et que vous les avez vus se disputer, peut-être se taper dessus et, dans le meilleur des cas, divorcer!

Il existe bien des croyances limitantes, provenant des dictons populaires et des vieux adages que vous entendez à longueur de journée (et pas uniquement de la part de vos parents: les chansons et les films en diffusent aussi!), et que vous prenez également pour argent comptant. Elles brossent un tableau sinistre de la vie de couple et vous empêchent de croire qu'être heureux à deux est possible.

Parmi les plus épouvantables, voici mes préférées:

– *Aimer, c'est souffrir.*

(Aimer = être heureux / dépendre = souffrir.)

– *C'est normal de se disputer dans un couple.*

(Seulement chez les névrosés!)

– *Les hommes ne sont pas fidèles, c'est dans leurs gènes.*

(Donc, les femmes infidèles sont des transsexuelles?)

– *Les extrêmes s'attirent.*

(Chez les névrosés seulement!)

– *L'amour est proche de la haine.*

(Faux: ce sont des opposés.)

– *Dans un couple, il y en a toujours un qui domine l'autre.*

(Oui, chez les névrosés ! Pas dans les couples équilibrés.)

– *Dans un couple, il faut faire des sacrifices, des compromis et des concessions.*

(À mort les SCC – sacrifices, compromis et concessions ! C'est de la graine de frustration ! Ça donne une relation « gagnant/perdant » et c'est toujours le même qui perd !)

– *C'est normal qu'au bout de quelques années il n'y ait plus de passion ni d'amour, mais que des habitudes !*

(L'amour grandit, la névrose use.)

– *Les hommes, tous des primates, des obsédés sexuels !*

(Ne jugez pas le sexe opposé d'après les névrosés que vous avez rencontrés.)

– *Les femmes, toutes des castratrices !*

(Ne jugez pas le sexe opposé d'après les névrosées que vous avez rencontrées.)

– *Si tu cours après une personne, elle se désintéresse de toi. Si tu fais l'indifférent(e), elle te court après.*

(Ça marche, encore une fois, chez les névrosés.)

– *Les véritables histoires d'amour finissent toujours mal: Roméo et Juliette, Tristan et Iseult, Scarlett et Rhett.*

(Ce ne sont pas des histoires d'amour, ce sont des histoires de dépendants affectifs écrites par des névrosés !)

– *L'amour est aveugle, le mariage rend la vue.*

(La névrose rend aveugle.)

– *On ne fait pas exprès de tomber amoureux: c'est plus fort que soi.*
(Pas du tout, vous êtes responsable de vos sentiments!)

– *C'est dur de réussir et de gagner de l'argent.*
(Si vous pensez que ce sera dur, ce sera dur!)

– *On ne peut pas tout avoir dans la vie.*
(Ah bon? Et pourquoi?)

– *Un couple ne dure pas plus de sept ans.*
(Comme les appareils ménagers?)

Et j'en oublie! J'imagine la tête que vous faites en lisant cette liste de croyances limitantes, pour ne pas dire destructrices. Je suis sûre que vous avez adopté certaines d'entre elles, pour ne pas dire toutes. Il va falloir vous en libérer! En commençant par la première d'entre elles, peut-être la plus pernicieuse: «Aimer, c'est souffrir.»

En conférence, je pose régulièrement cette question:

— Pensez-vous avoir déjà aimé?

Et il y a toujours quelqu'un pour me répondre:

— Moi oui!

— Comment le savez-vous?

— J'ai tellement souffert!

Aimer, c'est être heureux et s'il y a souffrance, il y a dépendance. Est-ce clair?

L'AMOUR EST INCONDITIONNEL: ce qui ne signifie pas qu'il faut aimer n'importe qui, n'importe comment, quoi qu'il/elle vous fasse, mais plutôt que vous donnez et recevez de façon équivalente, dans le respect et «gratuitement». En résumé, vous donnez avec plaisir et recevez tout autant, dans le plaisir aussi.

La dépendance a ses conditions : vous donnez tout, dans le but précis de recevoir, tentant vainement de corrompre quelqu'un qui n'a rien à vous offrir. Vous essayez d'acheter ce que l'autre ne peut vous vendre et lui prend tout, sans retour.

Le site Internet subliminal

Comme vous le savez maintenant, les Desperados et Trous noirs affectifs s'attirent immanquablement. Comment ? Grâce au « site Internet subliminal » ! Vous vous demandez pourquoi vous attirez toujours les mêmes personnes qui ne vous conviennent pas ? Voici la réponse. Vous envoyez un message et des informations à travers votre « aura ». Ce halo invisible à l'œil nu, qui vous entoure, contient toute votre histoire. L'être humain a perdu un fort pourcentage de ses facultés intuitives en se « civilisant » (je dirais plutôt en se « stressant ») : il est de moins en moins en contact avec son instinct et son intuition. Pourtant, vous êtes capable de prélever une somme d'informations importante en regardant quelqu'un, grâce à votre conscient (ce que vous voyez et entendez) mais aussi à votre subconscient (ce que vous ressentez). Tout est inscrit sur votre site Internet subliminal : votre confiance (ou manque de confiance), vos victoires, vos peurs, vos blessures, votre bonheur, votre malheur et vos croyances. Qu'est-ce que le charisme ? C'est le magnétisme qui émane de votre aura. Les personnes qui dégagent des ondes positives et qui sont bien dans leur peau attirent le positif et les gens positifs. Devinez donc ce qu'attirent les personnes en dépendance affective ? C'est simple : si vous « pleuvez », votre site Internet subliminal attire la pluie ; si vous rayonnez, vous attirez le soleil !

Autre preuve de ce que j'avance : pourquoi un agresseur sexuel sait-il détecter la victime qui va se figer ?

L'être humain a trois réactions différentes face à une attaque : il se fige, il se sauve ou il attaque. Selon votre histoire et votre personnalité, vous aurez une réaction différente. Si votre site Internet subliminal affiche votre vulnérabilité et votre manque de confiance et d'estime de soi, un agresseur sentira inconsciemment que vous allez vous figer: montrez cinq photos d'enfants à cinq pédophiles et vous aurez la surprise de constater qu'ils vont pratiquement tous choisir le même... Mes clients ayant subi des abus sexuels dans leur petite enfance ou à l'adolescence sont des personnes qui ont figé devant l'agresseur. Elles dégageaient une vulnérabilité qui a attiré les prédateurs.

Et là, impossible de mentir: ce n'est pas comme le profil que vous remplissez sur les sites de rencontre! Je souris quand vous écrivez *j'ai réglé mon passé*, il faut plutôt comprendre: «Je me suis débarrassé de la dernière relation qui n'a pas fonctionné.» Mais vous ne vous êtes pas débarrassé de la dépendance émotive pour autant! Ou encore, quand vous indiquez *j'ai cheminé*. Ne serait-il pas intéressant que vous précisiez sur votre profil ce que vous avez compris de la vie, afin d'attirer une personne qui a fait les mêmes conclusions que vous et sera donc sur la même longueur d'onde? Ce serait un début d'échange intéressant, non? Bref, c'est tentant d'enjoliver la vérité ou de la déformer un peu pour... piéger une proie. Votre site Internet subliminal, lui, ne ment pas: il ne dit que la vérité, rien que la vérité, toute la vérité!

❖ *Le message subliminal du Desperado et du Trou noir affectif*

Le Desperado envoie un message subliminal sur son site Internet subliminal qui dit ceci: «Je te donnerai tout, je ferai tout ce que tu veux, je vais te sauver pour que tu m'aimes.» Ce message est reçu par le Trou noir affectif qui, lui, émet le suivant: «Je suis une victime, sauve-moi!» Ce qui réveille instantanément le sauveur qui sommeille en chaque Desperado. Celui-ci se jette automatiquement aux pieds du Trou noir affectif en disant *Ordonne et j'obéirai*, sans avoir lu ce qui est en tout petit dans le message subliminal du Trou noir affectif : *Et je vais te bouffer tout cru*. Et le Desperado se fait bouffer ! Voilà comment nos deux dépendants émotifs se reconnaissent, forment un couple et se détruisent, à plus ou moins long terme !

Un auteur inconnu a écrit : « Personne ne vous aimera jamais pour votre travail ou vos réalisations. Les gens vous aiment pour le sentiment que vous leur inspirez. » Cette phrase résume simplement ce qui se produit quand vous rencontrez quelqu'un pour la première fois. Sur quoi se fonde votre première impression ? Sur ce que vous voyez et, surtout, sur ce que vous ressentez : votre subconscient capte les informations de l'autre personne. Et les autres captent les vôtres ! La prochaine fois que vous direz de quelqu'un *Je ne peux pas le sentir* sans être capable d'en justifier la raison, vous saurez que votre subconscient a décodé quelque chose de déplaisant sur son site Internet subliminal !

❖ *Quel message diffuse votre propre site Internet subliminal ?*

Vous comprenez maintenant l'importance de ce que vous dégagez : votre objectif est d'attirer un roi/une reine. Pour cela, il vous faut inscrire sur votre site Internet subliminal un message positif et attractif, du style *Je suis bien dans ma peau et je veux quelqu'un qui l'est aussi* ou encore *Je suis un roi, je veux une reine*, et vice versa. C'est pourquoi il est important de régler la dépendance affective en développant confiance et estime de soi et, avant tout, de la comprendre suffisamment pour éviter les pions, fous, tours et autres cavaliers.

Il est temps de vous poser la question franchement :

— Êtes-vous Desperado ou Trou noir affectif ?

RÉPONSE : ______________________________

Puis, prenez quelques minutes et découvrez ce qui est inscrit sur votre site Internet subliminal. Soyez franc avec vous-même (le message peut être long).

RÉPONSE : ____

____

____

Voici quelques suggestions :

— *J'ai peur de souffrir.*

— *Je n'attire que des imbéciles.*

— *Personne ne voudra de moi.*

— *Je suis moche et stupide.*

— *Le bonheur, ce n'est pas pour moi.*

— *Les hommes sont tous des cochons et des machos.*

— *Les femmes, toutes des garces et des hystériques.*

— *On est sur Terre pour souffrir.*

— *J'ai peur de finir seul(e).*

— *Les beaux mecs, les belles filles, c'est pas pour moi.*

Lors d'une conférence, j'étais accompagnée par un bel homme avec lequel j'avais une relation professionnelle. Alors que nous passions devant un groupe de femmes venues m'écouter, j'entendis l'une d'elles s'exclamer : « Moi, un beau mec comme ça, jamais je ne pourrais sortir avec ! » Comprenez-vous qu'elle parlait de son manque de confiance en elle et de sa croyance (fausse) qu'elle n'était pas assez belle pour attirer un bel homme ? La confiance et l'estime de soi prévalent largement sur la beauté plastique. Quand vous rayonnez, peu importe votre physique, vous attirez un soleil, parce que vous méritez un soleil !

Avec ce genre de croyance limitante, si la personne qui est faite pour vous est un *top model*, vous passerez à côté, persuadé que vous n'êtes pas à la hauteur ! De même si vous ne regardez que les *top models* : la personne faite pour vous n'a peut-être pas le physique d'Aphrodite ou d'Apollon, ouvrez les yeux, attention ! Quand vous sentez un fort penchant pour quelqu'un, peu importe le physique, demandez-vous plutôt si c'est sa névrose ou son équilibre qui vous attire.

À la fin d'une autre conférence, une belle grande jeune femme m'a abordée : elle voulait savoir si elle était avec l'homme de sa vie. J'ai « scanné » sa situation en posant quelques questions :

— Vous vous entendez bien ?

— Très bien !

— Vous avez les mêmes valeurs, les mêmes croyances, la même vision du couple ?

— Tout à fait !

— Sexuellement, comment ça se passe ?

— Formidable, je n'ai jamais vécu cela avant !

— Alors qu'est-ce qui vous inquiète ?

— C'est que les autres hommes avec lesquels je suis sortie avant étaient tous très beaux, mais pas lui !

Comme quoi les croyances fausses ont la vie dure !

Il faut trouver belle la personne avec laquelle vous êtes et non chercher quelqu'un de beau.

☆

Mon deuxième conjoint, Jim, que ma névrose a attiré, était de quinze ans mon cadet. Au lieu de me présenter pour ce que j'étais: «Bonjour, je m'appelle Pascale Piquet et je suis quelqu'un de bien», j'envoyais plutôt le message suivant: «Bonjour, voyez-vous qui est dans mon lit: un beau mec plus jeune que moi!» Je suis tombée dans le piège de la beauté, prête à tout et n'importe quoi pour garder ce fringuant jeune étalon, ce magnifique… Trou noir affectif qui m'a plumée financièrement, me coûtant bien plus cher qu'un gigolo – et un gigolo aurait au moins fait semblant de m'aimer! Après le grand cataclysme de février 2002, où je me suis retrouvée à genoux sur le sol, pliée en deux, que pensez-vous qu'il y ait eu d'inscrit sur mon site Internet subliminal?

«FERMÉE POUR CAUSE DE TRAVAUX»!

Je ne voulais rencontrer personne, je voulais comprendre ce qui m'était arrivé et réparer ce qui était possible de réparer. Aucun homme ne s'approcha! De 2002 à Noël 2004, je me suis reconstruite tranquillement, mais j'avais peur de retomber sur un plus gros névrosé que Jim: c'était inscrit sur mon site Internet subliminal, en grosses lettres:

«J'AI PEUR DE RENCONTRER UN AUTRE NÉVROSÉ.»

Fin 2004, en me promenant dans ma forêt, je fis la connaissance d'un homme, qui bougea quelque chose chez moi, au niveau des tripes, mais je ne réussis pas immédiatement à identifier ce que c'était. Il me dit que j'étais la femme de ses rêves, en tous points ce qu'il attendait. Il avait dix ans de moins que moi, ce qui me refroidit (la tête entrait en action pour freiner), mais il insista et je lui laissai une chance. Nous flirtâmes comme des ados, pas plus, et l'inconfort que je ressentais au niveau des tripes s'installa tranquillement au niveau du cœur. Je décidai de l'appeler pour lui faire part de ma décision de débarquer de cette relation qui me mettait mal à l'aise: il avait disparu de la circulation ! Ce qui avait bougé chez moi, en rencontrant ce type, c'était mon détecteur de névrosés ! *YES !* Il fonctionnait.

Quand je mis enfin la main sur le gredin, j'appris qu'il était parti en vacances au soleil avec une « amie et plus si affinités ». En bref, il avait une relation tout à fait « sexuelle » avec cette fille qu'il fréquentait depuis longtemps, ce qu'il m'avait bien caché (à la question *Depuis combien de temps n'as-tu pas eu de relations sexuelles ?*, il avait répondu *Plusieurs mois*), et – le comble ! – il pensait que nous allions reprendre où nous en étions restés. Ben voyons ! L'anxiété m'avait avertie. Je fus très fière de moi : mon détecteur fonctionnait et je fus ravie de virer ce don Juan de pacotille. Il lui fut fortement recommandé de ne jamais me recroiser : il s'en tint là !

La morale de l'histoire, c'est que son discours, ses belles paroles ne cadraient pas avec ce que je lisais inconsciemment sur son site Internet subliminal. Quelque chose clochait, me dérangeait et l'anxiété est venue confirmer ce que je pressentais.

Je n'ai plus jamais attiré de névrosés depuis cet épisode-là, ayant confiance en mon détecteur. Mon site Internet subliminal indiquait :

« BIENVENUE AUX PERSONNES POSITIVES –
NÉVROSÉS S'ABSTENIR, JE SUIS AUX DESPERADOS ABSENTS ! »

Les Trous noirs affectifs s'abstenaient : je les faisais fuir ! Ils lisaient sur mon site que je ne les nourrirais pas. Quant aux Desperados, je les impressionnais trop : je n'avais pas besoin d'être sauvée !

Si vous êtes mal à l'aise avec quelqu'un, c'est un avertissement. Il peut y avoir plusieurs raisons, mais si vous n'êtes pas en mesure de les identifier consciemment, il se pourrait que quelque chose vous alarme sur son site Internet subliminal. Si vous repérez quelque chose de «bizarre» chez l'autre, ça ne présage pas bien de l'avenir! En revanche, quand vous vous sentez si bien avec une personne que vous venez de rencontrer, que vous avez l'impression de la connaître depuis toujours, là, c'est bon signe. Mais qu'avez-vous lu sur son site Internet subliminal qui vous réconforte autant? Si vous êtes un adepte de Tarzan, il se peut que le message qui vous attire soit un message de névrose… Mais si vous êtes bien dans votre peau et que vous avez confiance en vous, il se peut que vous soyez en présence d'un roi/d'une reine. L'avenir vous le dira… Je vais vous donner les outils pour «scanner» la personne et détecter tout vice de forme.

Vous comprenez mieux, maintenant, pourquoi les personnes équilibrées attirent les mêmes qu'elles, alors que les personnes déséquilibrées attirent les extrêmes? Dans ma période de névrosée, j'attirais des hommes en grand déséquilibre et je le savais: je disais à mes amis que, s'il y avait un détraqué à proximité, il se collait à moi comme une mouche sur du papier tue-mouches! Je pensais que c'était mon grand équilibre qui attirait les grands déséquilibrés… Je croyais, moi aussi, que les extrêmes s'attiraient. J'étais aussi névrosée qu'eux, mais je ne le savais pas. Et le suivant était toujours pire que le précédent! L'idéal, c'est de vous tenir éloigné des personnes en déséquilibre affectif, pour vous protéger. C'est la seule parade!

Préservez votre environnement des pions, fous, tours et cavaliers: négatifs et toxiques interdits!

Je sais ce que vous pensez: mes clients ont la même réaction. Ils s'exclament: «Mais si je vire toutes les personnes toxiques et négatives de ma vie, je me retrouve tout seul!» Eh oui!

UNE PERSONNE NÉGATIVE : rumine toute la journée des pensées négatives et critique perpétuellement.

UNE PERSONNE TOXIQUE : rumine toute la journée des pensées négatives, critique perpétuellement et cherche à vous détruire, consciemment ou inconsciemment.

Une fois que mes clients sont sortis d'une relation toxique, puis ont réalisé que les bons Desperados qu'ils étaient avaient attiré toutes sortes de « bouffe-gamelles » qui les utilisaient, ils ont besoin de faire le ménage autour d'eux, le tri dans leurs fréquentations. *Exit* les « amis » parasites, les amants névrosés, les collègues tyranniques... Pour peu qu'on y ajoute les parents toxiques, il ne reste plus grand monde autour d'eux ! Encore une fois, soyons mesurés : certaines personnes sont juste négatives, elles ruminent leurs problèmes sans vouloir de mal à personne, et restent fréquentables à « dose homéopathique ». Quand vous sentez qu'elles vous « tirent du jus », il est temps de faire un repli stratégique, d'espacer les prises. Parents, amis ou autres fréquentations qui sont dans ce registre peuvent être fréquentés, parce que vous appréciez d'autres aspects d'eux, mais ça ne doit pas devenir lourd, voire épuisant.

En revanche, quand une relation vous apporte de la frustration, de la colère parce que les comportements de l'autre vous heurtent ou, pire, vous détruisent à petit feu : attention, danger ! Même les parents devront être écartés ! C'est simple : vous ne pouvez aimer que des gens aimables. S'ils ne le sont pas, dehors !

J'ai ainsi mis un terme à plusieurs relations de toutes sortes, prétendument amicales, professionnelles ou sociales. Quand vous choisissez des personnes agréables dans votre entourage, c'est du bonheur à l'état pur que de les côtoyer ! Pourquoi perdre votre temps, votre énergie et parfois vos week-ends à recevoir des personnes qui vous « sortent par les yeux» ? Ça frise le masochisme ! Ne me dites pas que vous êtes dans le plaisir, je ne vous croirai pas. Plutôt dans le besoin. Le besoin de quoi ?!

En ce qui concerne la personne qui va partager votre vie, il est évident qu'il faut appliquer la tolérance zéro ! Les toxiques dans votre lit, vous en avez un souvenir cuisant; quant aux négatifs, ils sont épuisants ! Souvenez-vous de ce simple calcul :

$$1 - 1 = 0$$

En lettres, ça donne :

Une personne positive – une personne négative = 0

Vous pouvez mettre en présence la personne la plus optimiste du monde et une personne juste un peu négative, vous verrez que cette dernière finira par démoraliser la première ! C'est une grande loi de l'Univers : il faut en tenir compte ! Bien sûr, vous avez le droit de continuer à fréquenter des gens négatifs et toxiques, mais vous saurez au moins pourquoi vous souffrez.

▶ ACCEPTEZ D'ÊTRE UN ROI/UNE REINE... SUR UN ÉCHIQUIER !

Installons une nouvelle croyance : avant de vous mettre en quête d'un roi ou une reine, il est temps de vous convaincre que vous êtes également de ce rang-là, quel que soit le sexe qui vous attire. Répétez à haute voix, plusieurs fois, la phrase suivante qui vous correspond, sentez-la dans votre tête, votre cœur et dans vos tripes et pensez à vous placer sur un échiquier :

Je suis un roi et je cherche une reine.
Je suis une reine et je cherche un roi.

Je suis un roi et je cherche un roi.
Je suis une reine et je cherche une reine.

Si vous ne réussissez pas à sentir cette phrase aux trois niveaux, « faites comme si » vous la sentiez. On continue à avancer ! Gardez présent à l'esprit que vous êtes dans un jeu d'échecs et que la notion de roi/reine symbolise les pièces les plus fortes. Pas la mégalomanie !

En conférence, je sentis de la résistance chez une participante quant au fait d'admettre qu'elle était une reine. Quand je l'interrogeai sur ce qui coinçait, elle me répondit : « Si je suis une reine, je vais devenir capricieuse. Et je ne veux pas perdre tous mes amis ! »

J'ai dû lui expliquer qu'en évoquant le roi/la reine, nous parlions de dominants (pas de dominateurs ou de dictateurs !). Il n'est pas question que vous deveniez détestable ! Dégagez un magnétisme positif qui attire le positif. En tant qu'homme, il est vrai que vous risquez d'être traité de macho (par les névrosés), alors que vous êtes un dominant, et en tant que femme, vous serez cataloguée dans les dominatrices (toujours par les névrosés), alors que vous êtes une dominante. La virilité et la protection ne sont pas l'apanage des machos, et une femme qui sait ce qu'elle veut et a du caractère n'a pas forcément « mauvais caractère ». On me confond souvent avec une dominatrice, pourtant il n'y a pas plus facile à vivre que moi. Ne vous souciez pas du jugement des mécontents : considérez-vous comme un roi/une reine, comportez-vous comme un roi/une reine et traitez les autres comme des rois et des reines et ils vous considéreront comme tels. Et s'ils se comportent comme des pions, des fous, des tours ou des cavaliers, sortez-les de votre échiquier !

J'utilise parfois d'autres termes pour évoquer un roi ou une reine : dominant ou dominante, mâle alpha ou femelle alpha (le mâle et la femelle dominants d'une meute de loups). Alors que j'expliquais cette théorie à l'homme rencontré dans ma forêt (avant que mon détecteur de névrosés ne sonne !), l'informant clairement, en réponse au fait qu'il m'avait dit que j'étais la femme de ses rêves, que je n'accepterais qu'un dominant dans ma vie, un roi sur un échiquier, il m'avait répondu qu'il était un «mâle alpha», mais il s'est finalement révélé n'être qu'un «gros bêta»! Méfiez-vous des imitations!

Pourquoi d'autres sont déjà heureux en couple et pas vous? Appliquez-vous, ça va venir!

Pourquoi certaines personnes trouvent rapidement l'homme ou la femme de leur vie? Et pourquoi pas vous? Ces gens vivent une, deux ou parfois trois aventures et comprennent quel genre de personne ils souhaitent rencontrer, ayant parfaitement déterminé celles sur lesquelles ils ne veulent plus tomber et ont appris à les écarter. Ils ont également un passé qui ne les a pas poussés vers Tarzan: des parents équilibrés, une enfance heureuse. La dépendance affective est un déséquilibre qui vous fait systématiquement basculer dans les bras de quelqu'un qui en souffre aussi. Vous êtes parti dans la vie en étant handicapé (en déséquilibre affectif) et le fait de tomber sur des personnes avec lesquelles vous n'êtes pas heureux est tout à fait logique: vous étiez programmé pour les attirer. Il est temps de vous déprogrammer, grâce à ce livre, si vous voulez rejoindre les rangs des 2%! Et pas de «masturbation intellectuelle»: il ne suffit pas de lire, il faut appliquer! Ce n'est pas parce que vous lisez la recette d'un gâteau qu'il se confectionne: il faut mettre la main à la pâte!

Ces gens qui forment des couples heureux sont tombés, parfois rapidement, parfois après de nombreuses années, sur la bonne personne. En ce qui vous concerne, vous ne les comptez plus, tous ces canards boiteux pris dans vos filets. Personnellement, j'ai cessé de compter aussi! Et pour être boiteux, ils l'étaient ! Entendons-nous bien : je parle autant de ceux que j'attirais que de ceux qui m'ont séduite, et je n'ai vécu qu'avec deux d'entre eux, Jules et Jim. Heureusement, je n'ai pas « consommé » tous les hommes que ma névrose hypnotisait ! Je choisissais les plus beaux... névrosés ! Néanmoins, n'ayant peut-être pas réalisé que vous attiriez toujours les mêmes, vous avez continué la collection. Alors que les gens heureux ont tiré de rapides conclusions de leurs premières expériences, déterminant ce qu'ils ne voulaient plus et ce qu'ils cherchaient.

Les gens heureux ont compris deux choses :

1. Vous n'êtes responsable que de vous-même (en dehors des enfants mineurs !).
2. Vous ne pouvez sauver personne.

Ils tombent donc sur des personnes responsables d'elles-mêmes et qui n'ont pas besoin d'être sauvées !

☆

SUGGESTION

Afin que votre objectif – rencontrer votre roi/votre reine – devienne une véritable motivation, j'ai une suggestion à vous faire. Que pensez-vous de remplacer :

– Je veux ***« le moins pire » des hommes.***

– Je veux ***« la moins pire » des femmes.***

par :

– Je veux mon roi :
le meilleur des hommes pour moi.

– Je veux ma reine :
la meilleure des femmes pour moi.

Croyez-moi: ce que vous pensez mériter vous arrivera! Répétez plusieurs fois la phrase qui vous correspond, jusqu'à ce que ça vous rentre dans le corps: la tête, le cœur et les tripes!

En recherchant le meilleur des hommes pour vous, vous éviterez de voir les princes charmants (de beaux ténébreux qui souffrent) se transformer en crapauds, et les princesses (des belles en détresse) devenir des sorcières!

▶ Apprenez à distinguer les rois/reines des autres pièces

Si vos comportements sont ceux d'un adulte, vous repérerez rapidement ceux qui sont comme vous: les autres vous paraîtront bizarres. Un homme m'a fait la réflexion suivante en parlant de mon premier livre, *Le Syndrome de Tarzan*: «C'est un livre pour les fous!» C'est certain que les personnes qui ne souffrent pas de dépendance affective, et donc ne savent rien de la dépendance émotive, ne peuvent ni comprendre ni admettre les comportements des autres qui en sont frappés. Ce que vous êtes prêt à accepter par dépendance dépasse l'entendement de ceux qui se respectent et se font respecter.

Ces comportements «irrationnels», les caprices, les peurs irraisonnées, les colères, la jalousie, la possessivité, la bouderie, les crises, les exigences, la servitude, la critique et le jugement négatifs, la médisance, l'agressivité, les conflits, l'affrontement, la susceptibilité, le mensonge, l'hypocrisie, le besoin de reconnaissance, la domination, bref tous les comportements enfantins et déséquilibrés vous signaleront que vous n'êtes pas en présence d'un roi ni d'une reine!

Les rois et les reines ont des comportements agréables, sont faciles à vivre, vous donnent toujours l'heure juste: vous savez à quoi vous en tenir. Ils disent «oui» quand ils pensent

« oui » et « non » quand ils pensent « non ». Pourquoi je précise ce détail ? Parce que, en bon névrosé, vous dites souvent « oui » quand vous pensez « non » ! Puis vous pestez contre la personne qui vous a demandé un service, parce que ça ne vous tente pas de le lui rendre – mais vous aviez peur de déplaire…

En fait, plus simplement, les rois et reines sont des hommes et des femmes adultes : ils sont maîtres de leur vie, de leur bonheur et de leurs comportements. Ils ne se cachent derrière aucun masque et sont toujours eux-mêmes, quelle que soit la situation.

Je souris quand mes clients me voient à la télévision, m'entendent à la radio ou en conférence et qu'ils sont surpris : « Tu es la même qu'en séance de coaching ! », remarquent-ils. Eh oui, c'est toujours du Pascale Piquet, même avec ma famille et mes amis. Comme on dit en anglais : *What you see is what you get* (*Ce que tu vois est ce que tu auras*) ; ça s'appelle l'authenticité, et nous y reviendrons plus tard.

Attention : je ne suis pas en train de vous dire que les rois et les reines n'ont pas de comportements négatifs. Ça leur arrive, mais ils se reprennent, savent présenter leurs excuses, reconnaître quand ils ont tort… ils n'ont pas de réactions enfantines.

Vous êtes peut-être en train de réaliser que nous vivons dans une garderie géante, puisque composée de 98 % de personnes qui n'ont pas grandi ! Eh oui ! Mais certains sont des gentils névrosés, ils gardent leurs mauvais comportements pour eux : ils ont peur, mais n'embêtent personne avec ça. Pire, ils se mettent au service de tout le monde, esclaves consentants et pourtant frustrés. Certains ont des problèmes, qu'ils ne voient parfois pas, mais sont de bonne compagnie.

Ils vivent avec une personne qui ne leur convient pas, mais ne vous en rebattent pas les oreilles. Ceux qui sont entre 1 et 4 sur l'échelle de Richter ne vous font pas trop « profiter » de leurs difficultés : ils se débrouillent seuls. En revanche, les négatifs et les toxiques, à plus de 4 sur l'échelle, ne se privent pas pour piétiner vos plates-bandes et empoisonner votre oxygène ! Ceux-là, il faut les éliminer de votre environnement, autant que faire ce peut ! Parce que les personnes toxiques génèrent des situations toxiques et des émotions toxiques. C'est inévitable !

AVEZ-VOUS DÉJÀ FAIT L'AMOUR ?

Un des grands tournants de ma vie a été de réaliser que je n'avais jamais fait l'amour : j'avais eu des relations sexuelles avec des gros bébés névrosés, qui me prenaient pour leur mère ! Même Jules, de dix ans mon aîné ! Si je vous demande *Avez-vous déjà fait l'amour ?*, vous me répondrez, surpris : *Bien sûr !* Certes, je ne doute pas que vous ayez eu des relations sexuelles, plus ou moins satisfaisantes, mais je doute que vous ayez vraiment « fait l'amour »... Je vois votre mine ahurie, parce que vous ne saisissez pas la nuance : je vais vous y aider. J'aimerais vous faire prendre conscience de la différence entre « baiser » (vous me pardonnerez ce mot cru, mais je n'en vois pas d'autres), « faire la sensualité » et « faire l'amour ». Car avec un roi/une reine, pas question de « baiser » : vous ferez l'amour. Probablement pour la première fois ! Comment saurez-vous que vous faites l'amour ? Parce que ce que vous éprouverez et vivrez sera bien différent de ce que vous aurez connu jusque-là !

Commençons par les définitions :

a) « Baiser »

Avoir du sexe avec n'importe qui, juste pour exister. Il y en a souvent un qui repart sans dire merci et un qui reste frustré, parce qu'il n'a pas joui. La frustration étant souvent le lot des filles : le coup est parti si vite (précoce, le jeune homme !) que vous restez sur votre faim ! Et souvent, vous pensez que, parce vous vous êtes donnée à un homme, il va revenir, il est coincé... Pas du tout, il est venu se servir et il retourne où vous l'avez trouvé : dans un lieu public (bar ou boîte de nuit) où il va en attraper d'autres !

Attention, des filles font la même chose : toute la première partie de ma vie affective, c'est moi qui m'esquivais avant que ma victime n'ait eu le temps de comprendre ce qui s'était passé ! Je ne voulais pas m'attacher ni être étouffée : je voulais rester libre. En fait, j'étais incapable d'avoir une relation suivie, Trou noir affectif que j'étais. Satanée dépendance émotive : souvenez-vous que « baiser », c'est nourrir sa propre névrose et celle de l'autre !

Combien de mes clientes m'ont avoué ne pas jouir, mais n'ont jamais osé le dire à leur partenaire... Eh oui, elles ont fait semblant ! Pour garder cet amant ou ce mari, elles y ont mis tout leur corps, sans mettre le cœur à l'ouvrage !

b) « Faire la sensualité »

Avoir du beau sexe sans lendemain et sans sentiment, juste pour le plaisir, entre adultes consentants. Et que les deux éprouvent du PLAISIR ! Pour cela, il faut connaître son propre corps et découvrir celui de l'autre et non juste s'en servir. Une belle relation sexuelle, c'est comme un concerto à quatre mains : chacun doit avoir déchiffré sa propre partition et celle de l'autre pour jouer ! Les jeunes apprennent très vite à utiliser les nouvelles technologies et savent appuyer sur tous les boutons pour tout faire fonctionner. Eh bien, c'est pareil avec le corps : il faut en découvrir toutes les fonctionnalités.

Et pour ce faire, permettez-moi de vous conseiller les plaisirs solitaires (la masturbation – comment un mot aussi laid peut-il donner tant de plaisir ?!) qui sont le seul moyen de déchiffrer votre propre corps, pour en donner ensuite le mode d'emploi à votre partenaire. C'est très sain, contrairement à ce qu'en dit la Bible ! Tous les livres de croissance personnelle clament qu'il faut s'aimer soi-même : voilà un beau moyen de le faire !

Un jour, une cliente me téléphone, en larmes, criant : « Oh mon Dieu, si tu savais ce que j'ai fait ! J'ai tellement honte ! Jamais je n'aurais cru en arriver là ! » Mon imagination se met à galoper ; il faut savoir que mes clients sont, pour la plupart, en dépendance affective et que, lorsque la souffrance les étouffe, ils sont capables de gestes irréparables. Donc, j'envisage le pire. « Mais qu'as-tu fait ? » demandé-je, retenant ma respiration. « Je me suis masturbée ! », répond-elle, honteuse et confuse. Ouf ! Je peux la rassurer : « Eh bien, c'est une bonne chose et je te recommande de le faire plus souvent ! »

En revanche, madame, je vous déconseille de vous habituer à des engins qui vibrent, tournent dans tous les sens et clignotent, car le sexe des hommes ne fait pas ça. Vous êtes en train de créer une dépendance... aux vibrations ! Servez-vous donc de votre imagination ! Je suis certaine que vous êtes plus habile de vos dix doigts que vous ne le pensez.

Quant à vous, monsieur (et parfois madame !) qui êtes accro aux sites ou films pornographiques, vous devriez également faire marcher votre imagination. La pornographie, c'est pour les fainéants ! C'est du *fast-sex* qui oublie l'érotisme et tombe directement dans la vulgarité. Si vous avez besoin de ce truc pour être excité, peut-être que quelque chose ne tourne pas rond...

Vous seriez sidéré d'entendre certaines questions sur le sexe que me posent mes clients : je dois souvent rétablir la vérité et parfois même informer. Il était exclu, pour l'un d'entre eux, de « prendre sa femme à la hussarde » sur la table de la cuisine ou ailleurs, alors qu'elle lui en faisait parfois la demande. Pour lui, respecter sa conjointe et l'aimer, c'était passer par des heures de préliminaires. Sinon, cela correspondait à « baiser », me dit-il, et on ne « baise » pas sa femme, on la respecte. J'ai dû lui expliquer qu'il pouvait parfaitement aimer et respecter sa femme tout en l'honorant vite fait, ainsi qu'elle le lui demandait. L'amour n'est pas une question de gestes, mais de sentiments !

Un autre client, dans la quarantaine, m'expliqua, rouge de confusion, qu'après vingt ans de mariage (il n'avait connu sexuellement que son ex-conjointe) il s'était retrouvé sur le marché des célibataires et avait été « harponné » par une jeune femme dans la vingtaine. Au cœur de la « bataille », elle lui sortit un chapelet de termes « hard » qui fit perdre à mon client tous ses moyens. Les mots, qu'il me répéta, appartenaient au registre des films pornographiques : cette toute jeune femme pensait que c'était ça qui excitait les hommes. Vous découvrirez plus loin qu'il est sain d'aborder vos goûts sexuels quand vous entamez une nouvelle relation, pour éviter d'avoir des surprises dans le feu de l'action ! Chacun ses goûts, encore faut-il avoir les mêmes que la personne qui est en face de vous.

c) « Faire l'amour »

Pour faire l'amour, il faut s'aimer soi et aimer l'autre qui s'aime aussi, et réciproquement. Deux personnes qui partagent l'amour de soi et l'amour de l'autre sont sur une même vibration, que rien ne peut remplacer. Entre « baiser » et « faire l'amour », il y a la même différence qu'entre dîner dans un *fast-food* ou dans un grand restaurant gastronomique. Vous voulez un dessin ? Faire l'amour ne se résume pas non plus à la pénétration, qui n'est pas un but en soi, mais seulement une des multiples variations que l'on peut faire à deux. Ça peut être un simple regard, un effleurement, un sourire, un mot, une attention. L'amour, c'est également se parler, se connaître et se reconnaître, se toucher délicatement ou « à la hussarde », s'écouter, rire, se taquiner, être complices, se désirer. C'est aussi synonyme de stimulation intellectuelle : se lancer des *challenges*, comparer ce qu'on a compris de la vie, le partager ; c'est le respect de soi et de l'autre. Bien sûr, pour deux partenaires déjà très excités, c'est aussi *vite fait bien fait* sur la table de la cuisine ou dans un ascenseur, mais ça ne peut, en aucun cas, être résumé à l'utilisation d'un corps.

☆

Donc, voici où vous en êtes : vous êtes intimement convaincu que vous pouvez attirer un roi/une reine et vous êtes sensible à ce qu'indique votre site Internet subliminal et celui des autres. Vous êtes capable de repérer les dominants, les rois/reines, et vous détectez les Desperados et les Trous noirs affectifs que sont les pions, les fous, les tours et les cavaliers à cent kilomètres à la ronde ! Et vous avez peut-être réalisé que faire l'amour est bien autre chose que ce que vous avez vécu jusque-là – vous avez peut-être eu du plaisir, mais il vous reste encore quelque chose à découvrir ! Nombreux sont ceux qui m'ont ri au nez quand je leur ai tenu ce discours et qui sont revenus me voir quelque temps plus tard pour me dire qu'ils comprenaient enfin ce que j'avais voulu dire... C'est gênant, mais je leur dis chaque fois, avec un petit sourire : « Quand ça t'arrivera, tu penseras à moi ! »

Passons à l'étape suivante. J'ai encore une surprise pour vous : vous êtes un expert !

IV

Votre force: vous êtes un expert au jeu des échecs amoureux!

☆

EN QUOI CONSISTE VOTRE PLUS GRANDE FORCE ? SI VOUS AVEZ DÉJÀ fait plusieurs tours de piste avec des pions, fous, tours ou cavaliers et êtes de retour à la case départ, votre plus grande force réside dans votre connaissance des échecs amoureux: vous êtes devenu un expert ! Vous avez accumulé une somme phénoménale d'informations sur les comportements des pièces que vous avez attirées et, surtout, sur les vôtres. Ces informations, il est temps de les traiter afin que vous compreniez exactement dans quel processus vous êtes enfermé.

▶ VOUS AVEZ TOUT CE QU'IL FAUT POUR GAGNER : VOUS ÊTES DÉJÀ UN EXPERT !

Observez toutes ces expériences et tirez-en les conclusions qui s'imposent. Après l'observation et la déduction, vous aurez un sérieux avantage. Réfléchissez bien car, parfois, la similitude entre les comportements de chaque ex ne saute pas facilement aux yeux. Une fois repérée, vous la reconnaîtrez rapidement chez les nouvelles conquêtes. Vous leur direz simplement: « Non merci, j'ai déjà vu ce film-là, à plusieurs reprises, et il finit mal chaque fois ! » Et vous passerez votre tour, fier de vous. Mais cela peut prendre un peu de temps... et de remise en question !

Quand j'ai présenté Jim (le deuxième conjoint) à une personne de mon entourage, elle m'a dit: « Mais tu ne vois pas que c'est le même que l'autre ! », parlant de l'ex-mari, Jules. Je l'ai virée de ma vie ! La jalouse ! Comment pouvait-elle trouver des points communs entre Jules (dix ans de plus que moi et qui m'avait trompée) et Jim (quinze ans de moins que moi) qui m'était tout dévoué (... dans les débuts) ! J'avais échangé un modèle 1952 contre un modèle 1975 et j'étais persuadée que ce dernier avait toutes les options ! Et pourtant, deux beaux spécimens de Trous noirs affectifs. Cette personne avait tort sur un point: ils n'étaient pas pareils... Jim était bien PIRE !!!

Pour appliquer les principes enseignés dans ce livre, il est bien évident qu'il faut être célibataire. Mais si vous êtes déjà avec un pion, un fou, une tour ou un cavalier, depuis plusieurs mois ou années, pas la peine de le quitter avant d'être certain que vous ayez compris comment l'autre fonctionne et comment vous fonctionnez. Vous en tenez un, faites-en le tour ! Car si vous quittez cette personne juste parce qu'à la lecture de ce livre vous avez réalisé que vous étiez avec un névrosé, sans travailler sur vous entre-temps pour développer confiance et estime de soi, ou pour reconnaître les symptômes du syndrome de Tarzan, vous repartirez pour un tour avec une autre personne déséquilibrée ! Petit détail au passage: il faut avoir 100% de conviction qu'il faut quitter votre partenaire, sinon, vous reviendrez...

En revanche, si vous êtes en début de relation ou si vous venez tout juste de rencontrer quelqu'un et que vous reniflez des symptômes de dépendance émotive chez cette personne, courage, fuyez !

▶ Vous tombez toujours sur le même style de personnes ? Réveillez-vous !

Vous, monsieur, qui tombez toujours sur des tours et vous, madame, qui avez un sérieux penchant pour les cavaliers, quelles conclusions pouvez-vous en tirer? Vous avez forgé votre expérience, engrangé des connaissances acquises grâce à une longue pratique sur le terrain! Jusqu'ici vous pensiez qu'il ne s'agissait que d'une accumulation de déboires et de revers, mais aujourd'hui vous savez que chaque rencontre est une source d'enseignements. Et ne relève pas du hasard! Ces pièces ne sont pas des «mauvaises pioches», maintenant vous vous en rendez compte, mais ont été attirées par votre site Internet subliminal et vos mauvaises programmations.

Prenez le temps de vous rappeler ce qui a effiloché vos relations: quels comportements vous irritaient (ou irritaient vos partenaires), bien que vous les enduriez? Dans quelles situations constatiez-vous un manque de respect (de leur part ou de la vôtre, vous n'êtes pas blanc comme neige)? Y avait-il un manque de communication? L'autre décidait-il pour vous ou ne prenait-il jamais d'initiatives? Le sexe était-il satisfaisant? N'y avait-il pas un déséquilibre dans les appétits de chacun? Vous en vouliez toujours, il n'en voulait jamais? Le ton montait et les insultes suivaient? Il mentait souvent, vous oubliiez tout? Vous rendiez des services à un conjoint qui ne vous en rendait pas? Vous lui donniez raison pour acheter la paix? Il faisait des caprices, elle était toujours triste? Vous aviez droit au chantage affectif, il vous culpabilisait, disait que vous étiez égoïste? Il vous critiquait? Elle vous faisait des tonnes de reproches? Il n'était jamais satisfait?

Peut-être avez-vous, d'une relation à l'autre, pris le contrepied: la première tour que vous avez rencontrée n'était pas affectueuse, la suivante l'a été trop: elle vous étouffait. Le premier cavalier de votre vie vous faisait croire qu'il était pris par son métier, mais c'était plutôt par sa secrétaire; le second était si possessif qu'il vous suivait partout. Le premier fou était avare, le second vous achetait tout ce que vous vouliez. Le premier pion faisait tout à la maison, le deuxième n'y était jamais. Dans un monde où les névroses s'affrontent, il y a excès!

Franchement, comment vouliez-vous que ça fonctionne? Pourtant, vous vous tapez sur la tête en disant: «Je n'ai même pas réussi mon couple», ce à quoi je réponds: «C'était impossible.» Une relation fondée sur une névrose est comme une maison dont les fondations reposeraient sur des sables mouvants: elle s'enfonce plus ou moins rapidement. Pourquoi parler d'échec devant une mission impossible? Il n'y a pas d'échecs, je suis en train de vous en faire la démonstration: il n'y a que des expériences, à partir du moment où vous retirez la «substantifique moelle» de chaque relation, que vous apprenez à déceler les pièges et que vous les évitez!

Thomas Edison disait avoir découvert plus de deux mille façons de ne pas faire une ampoule avant d'en mettre une au point. Vous avez, j'imagine, suffisamment de relations (souffrantes?) à votre actif pour constater que ce que je vous explique est vrai: vous êtes un expert! Mais si vous souhaitez encore collecter quelques informations ou continuer à faire ce que vous faites pour me démontrer que c'est vous qui avez raison, je vous en prie, allez-y! Mais sans moi!

Dur constat: vous n'avez jamais été véritablement heureux dans vos relations

Un point commun peut vous sauter à la figure quand vous disséquez vos anciennes relations: vous n'avez jamais été vraiment heureux. C'est vrai qu'au moment du «tout nouveau, tout beau», vous y avez cru! Puis les premiers comportements déplacés ont surgi, mais vous avez fermé les yeux. Alors, les inconforts se sont transformés en anxiété, mais vous vous êtes enfoncé la tête dans le sable encore plus profondément. D'autant que vos parents vous l'ont bien dit: «Tu sais, c'est bien au début, mais ça ne peut pas durer», et quand vous entrez dans la période où *ça ne peut pas durer* vous endurez! Il est temps d'inscrire dans vos croyances que dans une relation équilibrée, les bons moments, c'est au quotidien. Attendez d'en vivre une avant de me contredire!

Dans la névrose, au commencement, chacun veut faire plaisir à l'autre, puis vous êtes le seul à vouloir faire plaisir à l'autre, et ensuite vous n'avez plus envie du tout de faire plaisir à l'autre, mais vous achetez la paix. Et enfin, c'est la guerre: il n'y a plus rien à acheter, ni l'amour ni la paix, les hostilités arrivent à leur apogée. Vous tentez désespérément de faire du bouche-à-bouche à une relation morte depuis longtemps, qui était, de toute façon, condamnée.

▶ Sauter sur le suivant pour oublier le précédent? Le remède est souvent pire que le mal!

Gardez-vous de sauter sur la première pièce qui passe pour oublier la précédente. Votre nouveau pion chasse le précédent, certes, mais il reste un pion, qui s'ajoute à la collection... Et vous, c'est un roi/une reine que vous souhaitez attirer. J'avais coutume de dire, quand j'étais névrosée, que «je soignais le mâle par le mâle»: j'avais toujours une liste d'attente! Ça aussi, vous l'aurez compris, ce n'est pas une solution. D'échec en échec, vous y laissez plus que votre chemise, quand vous vous êtes fait dépouiller financièrement, vous y laissez votre identité, car les névrosés vous renvoient une image tellement épouvantable de vous que votre confiance et votre estime de soi seront broyées. Vous en avez l'expérience : à force de ne rencontrer que des hommes ou des femmes qui vous font souffrir, vous finissez par penser que c'est tout ce que vous méritez ! Les expériences se répéteront à l'infini tant que vous refuserez d'ouvrir les yeux. « Mais si je n'étais pas venu te voir, j'aurais choisi toute ma vie, encore et encore, des femmes qui m'auraient laissé tomber ?! », me disait un client, épouvanté par ce qu'il découvrait. Eh oui ! Ou il serait devenu un « indépendant affectif », trop blessé pour risquer de souffrir de nouveau, développant une haine des femmes…

▶ Attention : vous allez de pire en pire !

Je ne me lasse pas de le souligner : vous irez de pire en pire. Pourquoi ? Parce qu'à chaque relation, vous laissez un morceau de votre confiance et de votre estime de soi entre les dents de votre Trou noir affectif, et plus vous êtes blessé et vulnérable, plus vous attirez des prédateurs féroces. Je n'ose pas imaginer ce que j'aurais attiré après Jim ! Il est et restera le dernier de ma collection.

Cependant, vous avez parfaitement le droit d'agir comme le chien de mon voisin qui s'attaqua un jour à un porc-épic : plus il se piquait en essayant de mordre l'intrus, plus il attaquait, furieux, plus les piquants le recouvraient. À la fin, il fut bien difficile de distinguer le chien du porc-épic ! La douleur fut telle que le canidé arrêta le combat : il ne pouvait plus bouger. Il ne se laissait plus approcher par personne, pas même par son propre maître, tant il souffrait. Voyez-vous où je veux en venir ?

Je vous rappelle que les pièces que vous attrapez ne relèvent pas du hasard. C'est toujours le bon ! Soit votre roi ou votre reine, soit celui ou celle qui va vous enfoncer dans votre névrose pour vous obliger à la régler. Mais vous êtes têtu, comme je l'ai été : je ne voyais pas du tout le cercle vicieux dans lequel j'étais enfermée. Je ne réalisais pas que je voulais les sauver: j'étais persuadée qu'en faisant le bonheur des deux conjoints, ils m'aimeraient. Ça n'avait pas fonctionné avec le premier, pas de problème, on change de cavalier! Pas plus avec le deuxième.

Si vous détectez qu'il y a maldonne dès le début d'une relation, débarquez! Mais vous fonctionnez le plus souvent sur l'illusion du «des fois qu'il changerait» ou «des fois que ce serait l'homme/la femme de ma vie et que je passerais à côté». S'il y a bien une chose à côté de laquelle vous ne passez pas, c'est la souffrance! Alors, soit vous débarquez de cette relation, soit vous en assumez les conséquences: vous allez souffrir, mais au moins vous saurez pourquoi! Plus vous attendrez avant de prendre la décision de sortir de la relation, plus vous vous enliserez dans la dépendance à l'autre et plus vous éprouverez des difficultés à y mettre un terme. Surtout si vous avez eu des relations sexuelles: vous ne pouvez plus réfléchir, ça bloque vos neurones!

Une cliente me trouva fort indiscrète quand je lui demandai si elle avait eu une relation sexuelle avec le nouvel homme qu'elle venait de rencontrer. La relation la mettait déjà mal à l'aise, elle avait constaté plusieurs points qui l'alertaient. Comprenant sa gêne, je lui expliquai que je ne me livrais pas à du voyeurisme, mais que j'avais besoin de cette information pour la guider. Elle en comprit la raison, car elle avait effectivement couché avec lui et éprouvait des difficultés à laisser partir un «si bon coup», alors que ses tripes lui soufflaient de fuir! C'est classique.

▶ QUAND VOTRE ENTOURAGE VOUS VOIT PARTIR À L'ABATTOIR

Quand vous entamez une énième relation névrosée, les premiers à savoir que vous retournez tout droit à l'abattoir, ce sont votre famille et vos amis. Votre entourage est devenu expert, lui aussi : tout le monde connaît l'issue du combat. Ces gens le voient bien, eux, que ça ne pourra pas fonctionner, que vous êtes bien trop différents. Certains essaieront de vous prévenir, mais vous risquez de couper les ponts. Alors ils attendront, la pelle et la balayette à la main, pour ramasser les morceaux de votre confiance et de votre estime de soi qui auront, une fois de plus, volé en éclats.

Nombreux sont les parents qui m'appellent, affolés, parce que leur enfant est aux prises avec un pion, un fou, une tour ou un cavalier, qu'ils n'en peuvent plus de le voir souffrir et sont prêts à tout pour mettre un terme à cette spirale infernale. D'autant que la souffrance augmente en intensité à chaque nouvelle relation, et les idées suicidaires peuvent commencer à pointer leur nez. Pourtant, tant que la personne elle-même ne décide pas d'en sortir, il n'y a rien à faire, sinon attendre qu'elle soit au bout du rouleau et demande de l'aide.

▶ DÉBUTANT OU VÉTÉRAN ?

Arrivés à ce stade de nos progrès, selon que vous êtes débutant en relations ou vétéran dans la guerre de la dépendance, vous avez deux possibilités.

DÉBUTANT (entre une et trois relations) : je vous souhaite d'avoir engrangé assez d'informations et vécu déjà assez de souffrances pour prendre en compte mes conseils et vous reprogrammer d'urgence. Peut-être ne croirez-vous pas ce que j'explique dans ce livre ; dans ce cas, je vous laisse continuer votre collection de névrosés jusqu'au moment où vous serez assez dégoûté…

VÉTÉRAN (plus de trois relations) : vous avez suffisamment de matière pour ne pas retourner au combat en chercher ! Vous êtes en mesure d'intégrer que mes remarques et conseils sont pleins de bon sens. Peut-être parce que je ne les ai pas lus dans les livres: je les ai expérimentés, ainsi que mes clients l'ont fait.

☆

L'expérience de vos relations passées vous a montré où sont les pièges et je vous aide, à travers ce livre, à les débusquer: ouvrez les yeux et regardez où vous mettez les pieds! Dans le pire des cas, si vous retombez dans les filets d'un névrosé, vous comprendrez au moins ce qui vous arrive et vous pourrez trouver la sortie! Est-ce que cela suffira à vous faire changer de cap? Préférerez-vous enfin jouer dans le camp des rois/reines plutôt que dans celui des pions, des fous, des tours et des cavaliers?

Maintenant que vous êtes convaincu de cette force que représente ce que vous appeliez vos échecs amoureux et ce que j'appelle votre expérience, nous pouvons continuer: vous êtes outillé! Bien plus outillé que vous ne le pensiez, n'est-ce pas?

V

Quel roi/quelle reine êtes-vous?

☆

Exercices pratiques

Peut-être est-il temps de modifier votre regard sur vous-même, s'il est négatif... S'il est positif, ce chapitre étoffera votre confiance et votre estime de soi, car vous avez peut-être déjà découvert que vous êtes un roi/une reine. Ou alors, la réalité vous a frappé de plein fouet: *vous souffrez de dépendance affective.* Votre confiance et votre estime de soi sont en berne? Ce chapitre va vous aider à les développer et à «grandir»!

▶ Modifiez votre regard sur vous-même

Vous êtes-vous reconnu dans le Desperado ou dans le Trou noir affectif? Que ce soit l'un ou l'autre, je vous donne un premier conseil: ne vous jugez pas! Comme vous l'avez découvert, vous n'êtes pas responsable de vos mauvaises programmations: l'attitude de vos parents et les événements malheureux qui se sont produits étaient hors de votre contrôle. Mais vous êtes responsable de les déprogrammer, et c'est la démarche que vous entamez en lisant ce livre. Alors, Desperado ou Trou noir affectif, peu importe : vous avez la possibilité de reprendre votre vie affective en main ! Et quel que soit votre âge, il n'est jamais trop tard ! J'ai de plus en plus de clients qui ont soixante, soixante-dix ans ou même davantage !

Il est très important de vous enfoncer dans le crâne que vous êtes quelqu'un de bien, sinon vous vous « vendrez », que dis-je, vous vous « donnerez » au premier qui passera et non au plus offrant : le meilleur roi/la meilleure reine pour vous !

Je vais vous guider afin que vous soyez en mesure de vous considérer comme un roi ou une reine, et ainsi de construire votre bonheur.

▶ ARRÊTEZ DE SOUFFRIR, CONSTRUISEZ VOTRE BONHEUR !

Comment construire votre bonheur? En respectant les six niveaux logiques*. Comme lorsqu'on bâtit une maison, chaque niveau dépend du précédent et ils sont tous reliés. C'est une façon d'accéder à la sérénité et surtout de la faire durer. C'est ce que j'applique chaque jour et ce que j'enseigne à mes clients. Si vous respectez ces principes, vous vous offrirez une vie de roi/reine !

Pour commencer, j'aimerais attirer votre attention sur la façon dont vous prenez soin de vous (si vous le faites). Souvent au service de la planète entière, vous ne savez pas vous occuper de vous. *Mens sana in corpore sano* (« Un esprit sain dans un corps sain ») est un principe de vie pour moi. Prenez-vous soin de votre corps en vous reposant ? La fatigue est l'ennemie du moral : la personne la plus positive et la plus adorable du monde devient irascible par manque de sommeil. Donc, la priorité, c'est d'être attentif à votre repos. Un téléphone porta-

---

* Robert DILTS. *Être coach : de la recherche de la performance à l'éveil*, InterÉditions.

ble bipe quand la pile est vide et vous la rechargez ; mais quand c'est vous qui bipez, vous préférez boire du café ou tout autre excitant pour continuer à avancer ! Épuisement professionnel, dépression, ça vous dit quelque chose ? Quand un client m'appelle et semble dépassé, c'est la première question que je lui pose : *Es-tu fatigué ?* et en général, il répond : *Oui.*

▶ Les six niveaux logiques

Pour être heureux, il suffit de respecter les six niveaux logiques de Robert Dilts, (à lire, en commençant par le numéro 1, de bas en haut, comme on construit une maison). Ils vont vous permettre d'apprendre à vous connaître : vous allez repérer vos points forts et les points à développer.

6. **Spiritualité/mission** (votre philosophie de vie et votre première mission étant d'être heureux ; la deuxième, d'en faire profiter les autres).
5. **Identité** (savoir qui vous êtes).
4. **Croyances/valeurs** (croire en vous).
3. **Capacités** (réaliser tout ce que vous êtes capable de faire).
2. **Comportements** (développer tous les jours la confiance et l'estime).
1. **Environnement** (être en forme physique, aimer son emploi et son domicile, avoir le bon conjoint ou être un célibataire heureux, entouré de personnes positives).

Vous remarquez que l'environnement représente les fondations : c'est tout ce qui est extérieur à vous et doit être épanouissant. Ça commence par votre santé physique, mais vous n'êtes pas pour autant obligé de faire du sport à outrance. Juste bouger. Les problèmes de surpoids sont un obstacle à la santé quand ils se sont installés à cause de troubles alimentaires, de sédentarité, d'immobilité. L'énergie entraîne l'énergie et l'activité physique stimule l'activité mentale.

Servez-vous des six niveaux logiques pour faire un bilan de votre vie et répondez à ces simples questions (à lire de bas en haut, en commençant par le numéro 1).

6. Quelle est votre philosophie de vie ? Êtes-vous heureux ? Comment en faites-vous profiter les autres ? Par votre travail ? Votre bonne humeur ?
5. Savez-vous qui vous êtes ? Vous êtes la somme de toutes vos victoires, de tous vos apprentissages, de toute votre fierté, de toutes vos réalisations.
4. Croyez-vous en vous ? Croyez-vous pouvoir être heureux ?
3. De quoi êtes-vous capable ?
2. Où en sont votre confiance et votre estime de soi?
1. Aimez-vous les personnes qui vous entourent, votre travail, votre domicile, votre corps, ce que vous êtes ?

Considérez-vous comme un athlète de haut niveau qui veille à être en forme chaque jour de sa vie. Un bon sommeil et une bonne nourriture sont les fondements d'une bonne santé.

Pour vous aider à remettre de l'ordre dans votre vie, faites les petits exercices qui suivent, en entourant le chiffre qui vous paraît le plus juste et en réfléchissant à ce qui peut être amélioré. Prendre conscience des fissures dans la structure des fondations est la première étape; puis viendra le temps de les réparer !

▶ Votre confiance en vous

Qu'en est-il de votre confiance en vous ? Vos programmations l'ont soit amplifiée, soit effilochée. Si vous deviez mesurer votre confiance en vous sur une échelle de 1 à 10, où la situeriez-vous ? Entourez le chiffre qui vous correspond.

1 2 3 4 5 6 7 8 9 10

Vous remarquerez que le chiffre 0 ne figure pas dans cette échelle : c'est impossible de n'avoir aucune confiance. Vous en avez dans des gestes simples que vous faites au quotidien : conduire, travailler, cuisiner, tenir la maison, élever un enfant, gérer un budget, voyager, bricoler, *etc*.

Que vous manque-t-il pour augmenter votre confiance de deux ou trois crans ? J'ai une suggestion à vous faire : je suis certaine que vous vous sentez déjà plus confiant depuis que vous comprenez les règles du jeu et que vous savez où sont les pièges. Que diriez-vous de retourner sur l'échelle pour évaluer à nouveau votre confiance ?

Le manque de confiance crée une drôle de manie : quand quelqu'un vous plaît, vous imaginez ce que cette personne pense de vous et… vous imaginez le pire ! Nombreux sont ceux qui sont passés à côté de la bonne personne : ils se croisent des dizaines d'années plus tard et réalisent qu'ils étaient attirés l'un par l'autre, mais lui pensait qu'elle le repousserait, et elle pensait ne pas l'intéresser puisqu'il ne s'approchait pas.

En tant qu'homme célibataire, la bonne stratégie est de vous approcher de toutes les femmes qui attirent votre intérêt. Votre reine est forcément parmi elles ! Quant à vous, femme célibataire, votre rôle est de laisser approcher tout homme qui vous plaît et d'étudier son dossier. Pourquoi, à votre avis, les stars de cinéma ou de la pop batifolent-elles entre elles ? Parce que « le commun des mortels » n'ose pas les approcher : vous les mettez sur un piédestal et vous les adulez. Il faut avoir une belle confiance en soi pour aborder une star de cinéma, quand on ne fait pas partie de ce milieu-là. Pourtant, ils ne sont pas au-dessus de vous: c'est simplement vous qui vous laissez impressionner.

Si vous placez qui que ce soit au-dessus de vous, vous vous soumettez: vous venez de vous mettre en position de dominé. Vous voilà tout désigné pour le rôle de Desperado. À l'inverse, si vous considérez la personne que vous fréquentez en dessous de vous, vous la dominez automatiquement; et vous la mépriserez. Les rois et reines sont sur le même plan d'égalité et personne ne les impressionne.

▶ Votre estime de soi

La confiance est une chose, l'estime de soi en est une autre. Vous pouvez avoir une grande confiance en vous dans votre vie professionnelle, qui sera épanouie, mais votre estime de soi sera très faible. C'est le cas de certains de mes clients qui ont une brillante carrière, mais comme ils sont très intelligents et qu'ils ont eu la sensation de tout avoir facilement, ils n'en retirent aucune fierté: leur croyance limitante est que si c'est facile, ça ne vaut rien. L'idéal est d'avoir de la confiance et de l'estime de soi.

Là encore votre famille et vos conjoints se seront peut-être évertués à vous renvoyer une image terne de vous-même. À vous de la rendre plus brillante! Où situez-vous votre estime de soi sur une échelle de 1 à 10?

1 2 3 4 5 6 7 8 9 10

Que vous manque-t-il pour augmenter votre estime de vous-même de deux ou trois crans? Je suis certaine que vous êtes plus haut que ce que vous avez indiqué. Demandez à ceux qui vous aiment de vous donner une ou plusieurs de vos qualités : vous serez surpris !

Parfois, vous confondez la confiance et l'estime de soi : vous pensez avoir peu d'estime, parce que vous n'avez pas beaucoup de confiance. Vous êtes une personne formidable, même si vous éprouvez des difficultés à vous affirmer : vous n'êtes pas ce que vous faites ou ce que vous ne faites pas. Comprenez-vous la différence ?

Dans une formation en entreprise, au fin fond du Québec, j'avais devant moi une douzaine de bûcherons : ils étaient tous chefs d'équipe et avaient commencé au bas de l'échelle. Donc, des gars qui ne faisaient pas dans la dentelle ! Je pose la question à l'un d'eux: « Où situez-vous votre estime de soi sur l'échelle ? » Il hésite, j'insiste : « Êtes-vous quelqu'un de bien ? » Il me répond : « Oui. – Alors vous êtes à combien ? » Il hésite encore et se lance : « À 7 ! » Je le regarde droit dans les yeux et je lui demande : « Pourquoi pas à 10 ? » Il riposte : « Mais 10, c'est prétentieux ! Je ne veux pas passer pour quelqu'un d'orgueilleux ! » et il jette un coup d'œil furtif à ses collègues. Les autres ne disent rien, contents que cette question ne soit pas tombée sur eux. Le lendemain, le même homme m'interpelle au début du cours : « Vous savez, j'ai réfléchi toute la nuit (il avait effectivement des cernes) et je suis à 10 ! C'est vrai que je suis quelqu'un de bien », affirme-t-il, ému. Il venait de mesurer l'estime de soi qu'il avait pour lui-même. Vous n'avez peut-être simplement pas mesuré combien vous êtes, comme on dit au Québec, « une bonne personne ». Alors, si je vous reposais la question : êtes-vous quelqu'un de bien et à combien êtes-vous sur l'échelle ?

1 2 3 4 5 6 7 8 9 10

Voyez-vous, si j'étais un homme, je m'épouserais ! Et vous, vous choisiriez-vous comme compagnon ou compagne ? Là est la question !

▶ Vos doutes

En remontant votre estime de soi et votre confiance en vous, vous êtes plus à même de gérer vos doutes. Le doute est votre meilleur ami quand il vous traverse l'esprit… et votre pire ennemi quand il s'y installe. Douter en permanence vous empêche de prendre des décisions, d'avancer.

Où se situe votre capacité à gérer le doute ?

1 2 3 4 5 6 7 8 9 10

Un doute attire votre attention sur quelque chose que vous devez régler. Dès lors, il n'a plus son utilité.

C'est ce que j'appelle « le doute raisonnable », qui ne fait que vous traverser l'esprit. Au contraire, le doute qui vous paralyse s'installe dans votre esprit et y prend pension : impossible de le déloger !

Vous doutez peut-être d'être capable de rencontrer la bonne personne pour vous, ce que je peux comprendre : blessé par toutes vos précédentes relations, il est difficile pour vous d'imaginer qu'un monde meilleur puisse exister. Pourtant, c'est ce que je vous demande de faire et c'est ce que vous avez accepté dès le début du livre : chasser le doute, c'est croire ! Croire que vous méritez quelqu'un de bien, parce que vous êtes quelqu'un de bien. Allez, foncez !

▶ Vos peurs

Peut-être avez-vous peur de ne pas trouver votre roi ou votre reine. Savez-vous qu'une peur cache un désir ? Donc, vous désirez trouver votre roi ou votre reine. Parfait ! Peur de ne pas plaire ? Vous désirez plaire, mais pas à n'importe qui, comme dirait Sacha Guitry : *juste à la bonne personne pour vous !* Peur de ne pas être à la hauteur? À la hauteur de quoi ? Soyez ce que vous êtes, soyez vrai !

La peur n'évite pas le danger : pire, elle l'attire. Alors, bottez les fesses à l'enfant intérieur et branchez-vous plutôt sur votre âme d'enfant pour imaginer la belle rencontre que vous ferez !

Où situez-vous votre capacité à gérer vos peurs ?

1 2 3 4 5 6 7 8 9 10

C'est surtout la peur d'être rejeté qui vous fait hésiter.

❖ *La peur du rejet : le code AXB12*

Imaginez que l'Univers distribue des codes, deux par deux, et qu'il donne le même code aux personnes qui sont faites pour être ensemble, par exemple AXB12. Quand j'étais gamine, nous jouions au « mariage chinois » : le même nombre de filles et de garçons de chaque côté et chacun choisissait un chiffre. Donc dix filles et dix garçons, avec un chiffre de 1 à 10. Puis nous appelions les chiffres un par un et la fille et le garçon ayant le même chiffre sortaient du rang et se faisaient la bise.

Comment trouver la personne qui a le code AXB12 ? Vous, monsieur, il faudra approcher toute personne qui vous plaît pour aller vérifier si elle a le même code que vous. Et vous, madame ou mademoiselle, vous laisserez approcher chaque homme qui vous attire pour procéder à la même vérification. Et si elle vous repousse ou qu'il ne vous choisit pas, c'est que ce n'est pas la bonne personne pour vous : pour former un couple, il faut être deux et si l'autre n'a pas le même code, ça ne marchera pas. Si une femme vous dit « non », c'est qu'elle vous respecte : elle ne vous fait pas perdre votre temps, comme certaines qui vous ont fait marcher... pour rien. Et si un homme ne s'approche pas de vous, c'est parce que vous ne lui plaisez pas ou parce qu'il est déjà engagé. Bref, peu importent les raisons pour lesquelles celui qui vous attire ne vient pas vers vous ou celle qui vous plaît ne veut pas de vous : passez votre chemin ! Votre *alter ego* est plus loin !

Vous pariez que je suis capable de vous faire apprécier une situation de « rejet » ? Imaginez : vous êtes, madame ou mademoiselle, dans un bar avec une amie. Arrive un homme qui correspond physiquement à votre idéal. Il discute avec vous deux, mais part avec votre copine. Comment vous sentez-vous ? Rejetée, moche, stupide ? Eh bien, figurez-vous que cet homme, en préférant votre amie, vient de vous sauver la vie : c'est un tueur en série et il l'a choisie parce qu'elle ressemble à sa mère et... il va la tuer !

❖ *Ne laissez pas votre peur de ne pas être à la hauteur rejeter quelqu'un qui vous intéresse*

Je me souviens d'une femme qui travaillait dans un magasin de prêt-à-porter. Chaque jour de la semaine, à la même heure, elle voyait passer devant sa vitrine un homme qui lui plaisait. Il la regardait aussi... Au bout d'un an, alors qu'elle montait en voiture pour rentrer chez elle, cet homme se présenta et lui demanda si elle accepterait de dîner avec lui. Surprise, elle répondit « non ! », claqua la portière et démarra en trombe. Elle a longtemps regretté sa réaction : elle n'avait jamais imaginé que cet homme s'intéresserait à elle et, par la suite, elle fut incapable de l'aborder à nouveau pour lui expliquer qu'elle avait changé d'avis. Le monsieur, éconduit vertement, n'est jamais revenu s'y frotter.

Quand vous avez peur de ne pas être à la hauteur, c'est souvent une question d'insécurité physique : vous trouvez la personne trop belle pour vous parce que vous vous sous-estimez.

Réfléchissons : premièrement, vous ne connaissez rien de ses goûts et deuxièmement, si elle vous attire – à moins que ce ne soit purement physique –, c'est que quelque chose se passe sur son site Internet subliminal qui vous intrigue. C'est peut-être la même chose pour elle. Comment le savoir ? Approchez-vous, vous serez vite fixé !

❖ *La peur des compliments*

J'ai eu des clientes qui éprouvaient des difficultés à accepter des compliments de la part des hommes. Premièrement, parce qu'elles ne les croyaient pas ; deuxièmement, parce qu'elles s'imaginaient qu'un homme qui fait un compliment veut automatiquement une relation sexuelle ; troisièmement, parce qu'elles ne savaient pas comment réagir devant un hommage. Ce paradoxe est bien étrange : d'un côté, elles n'ont pas assez confiance en elles pour croire à un compliment, qu'elles pensent faux. D'un autre côté, elles s'imaginent que celui qui le dit veut une faveur sexuelle. Vous vous trouvez moche et dès qu'un homme s'approche, vous pensez qu'il veut votre corps ? Est-ce prétentieux ou paradoxal ?

Un compliment est un compliment : une fleur de plus dans votre beau bouquet, qu'importe qui vous l'a apportée. Quand un homme vous complimente, madame, mademoiselle, vous avez juste à sourire et dire merci !

❖ *La peur du jugement et de la critique*

J'ai un truc pour vous, qui vous permettra de faire face à la peur du jugement. Les critiques, les commentaires désagréables ne parlent pas de vous mais de la personne qui les émet. Ils sont l'expression de ses peurs, de ses jalousies, de ses frustrations, bref, de son mal de vivre. Les gens heureux n'attaquent pas les autres. Même les compliments parlent de vous, quand vous en faites ! Dès que vous ouvrez la bouche, vous parlez de vous uniquement: c'est votre expérience qui transparaît à travers vos propos. Par exemple, nous avions un chat à la campagne, mascotte de mes clients, qui était errant et qui nous avait adoptées, ma fille Cassandre et moi. (Enfin, surtout ma fille!) Nous vivions à Montréal la majeure partie de la semaine et à Saint-Jean-de-Matha les week-ends. Une amie fit ce commentaire à propos du chat: «Quelle horreur, il doit s'ennuyer tout seul pendant la semaine!» Pensez-vous qu'elle parlait du chat ou qu'elle parlait d'elle? Parce que le chat, il était très heureux: il détestait la compagnie de ses congénères, il avait le gîte et le couvert et il rendait visite à nos voisins et amis, pour les petits extras!

Chaque commentaire que vous entendrez à votre sujet parle de l'autre en priorité: ouvrez bien vos oreilles et écoutez ce que les autres disent d'eux en parlant de vous!

▶ VOTRE CULPABILITÉ

Un autre point sur lequel j'aimerais attirer votre attention et qui vous empêche souvent d'avancer, c'est le sentiment de culpabilité. Comprenez que vous n'êtes pas coupable (c'est un terme réservé aux tribunaux!), vous êtes responsable. La culpabilité est un bouton sur lequel les autres appuient pour vous contrôler. La responsabilité, c'est assumer les conséquences de ses actes, pas se flageller. Si vous blessez quelqu'un, présentez vos excuses, si vous cassez quelque chose, réparez-le ou remboursez-le. Action/réaction! Mais vous sentir coupable ne sert à rien, sinon à vous mettre en situation d'esclave. Et même s'il vous est impossible de réparer, à quoi vous servira de porter ça sur vos épaules toute votre vie? Si l'autre vous fait sentir coupable de l'abandonner parce que vous avez décidé de rompre, comprenez que c'est une stratégie pour vous maintenir dans la relation. Encore une fois, c'est un bouton pour vous contrôler. Je l'ai débranché depuis longtemps, ce bouton-là!

Vous n'êtes pas responsable des autres et vous ne pouvez pas les sauver, contrairement à ce qu'ils essaieront de vous faire croire.

▶ VOTRE IDENTITÉ

Voici un exercice pour découvrir votre identité (le cinquième niveau logique); je le fais faire à mes clients et il est très puissant.

Choisissez un maximum de scènes dans lesquelles vous avez eu confiance en vous, des événements dont vous êtes fier, des choses que vous faites facilement et avec confiance, des succès. Notez-les sur un petit papier: un papier par scène, événement ou action. Vous pouvez choisir des moments de confiance aussi simple que: «J'ai confiance en moi à mon travail / quand je conduis / quand je cuisine / quand j'élève mes enfants / quand je tiens un budget / quand je fais du sport / quand je reçois des amis / quand je suis dans une activité qui me passionne.» Vous pouvez être fier de votre stabilité financière, d'être propriétaire d'un bien immobilier, d'être fidèle en amitié: des petites choses comme des grandes! Par le passé, il se peut que vous ayez joué dans une pièce de théâtre, participé à un événement sportif, eu des notes incroyables pendant vos études, reçu des félicitations: tout est bon!

Posez chaque papier par terre, dans l'ordre chronologique (du plus ancien au plus récent), quand ce sont des événements dans le temps. Quand il s'agit d'aptitudes et de gestes que vous pratiquez couramment, quotidiennement, mettez-les en dernier, dans l'ordre que vous souhaitez. Placez-vous devant chaque papier, serrez l'un de vos poignets avec les doigts de l'autre main, comme si vous formiez un bracelet collé à la peau, et revivez chaque scène: ce que vous avez vu, entendu et ressenti à ce moment-là, puis faites remonter les sentiments positifs liés à cette expérience pour vous en imprégner. C'est ce qu'on appelle, en PNL (programmation neurolinguistique), un ancrage. Votre subconscient va emmagasiner toute votre confiance et votre fierté pendant l'exercice et vous y aurez accès quand vous le souhaiterez en serrant votre poignet. Vous aurez la surprise de vous sentir de mieux en mieux, et même très bien, arrivé au dernier papier.

Une fois que vous aurez procédé à cet exercice, placez-vous sur le côté de la ligne formée par tous les papiers et regardez l'ensemble : voici votre identité.

Vous constaterez que vous avez réussi plus de choses que vous ne le pensiez, que vous êtes plus fonceur que vous ne l'imaginiez, que vous avez atteint plus d'objectifs que vous ne le réalisiez. Voilà vos forces !

Attribuez un symbole ou un qualificatif à la partie de vous qui réussit. Vous pouvez être Jean le Fonceur ou Michèle la Battante, ou encore un roi/une reine, un soleil, un lion ou tout autre animal : ce qui vous décrira le mieux. Vous penserez à ce symbole quand quelque chose ou quelqu'un vous déstabilisera.

C'est votre côté adulte qui est aux commandes sur chacun des papiers : dans ces moments-là, vous êtes un roi/une reine, vous êtes aligné sur vos six niveaux logiques. Il est temps de le réaliser : vous êtes parfaitement capable de prendre le contrôle de votre vie, ces petits papiers en sont la preuve ! Peut-être passez-vous trop de temps à pleurnicher sur ce que vous n'avez pas encore atteint sans tenir compte de ce qui a déjà été accompli... Allez, foncez ! Si vous gardez en mémoire que vous êtes Jean le Fonceur ou Michèle la Battante, qui peut vous impressionner ? Personne. Quelle situation pourrait vous déstabiliser ? Aucune. Souvenez-vous que vous êtes le Fonceur ou la Battante et que vous avez la solution pour gérer de façon optimale toutes les situations.

VOUS ÊTES ADULTE !

Fini le temps où vous détaliez dans vos chaussures d'enfant quand votre patron vous sermonnait comme un gamin ou quand quelqu'un vous criait dessus. Vous avez le droit de décider, là, maintenant, que plus personne ne vous terrifiera, que vous avez la capacité de répondre à l'attaque (de façon courtoise), mais que vous ne vous laisserez plus écraser. Du haut de votre confiance d'adulte, vous êtes capable de répondre calmement, à votre supérieur hiérarchique ou à toute autre personne, que vous souhaitez comprendre ce qui les met en colère et que vous êtes prêt à les écouter quand ils arrêteront de hurler.

Tous les exercices vous auront fait ouvrir les yeux sur votre statut d'adulte, et souvenez-vous que les expériences entraînent la confiance, qui entraîne les victoires, qui développent la confiance, qui entraîne les victoires, et ainsi de suite…

Votre vie tout entière repose sur votre confiance et estime, que ce soit au niveau professionnel, social ou privé. Vous savez maintenant que vous pouvez les augmenter en remplaçant vos croyances limitantes par des croyances portantes et, si vous en ressentez le besoin, vous pouvez également rencontrer un coach. C'est ainsi que vous quitterez la jungle de Tarzan pour découvrir des personnes qui ont les mêmes perspectives d'avenir et la même aptitude au bonheur que vous. Quand vous êtes en harmonie avec vous-même, devenu roi ou reine, vous attirez ce que vous êtes.

Rappelez-vous que je ne vous guide pas pour être un roi/une reine parfait(e) : je vous guide afin que vous réalisiez le roi/la reine que vous êtes déjà. Si, par exemple, votre confiance est à 7 sur l'échelle et votre estime de soi est à 8, vous pouvez rencontrer quelqu'un ayant un 7 et un 8. Mais si vous êtes à 5, ça marche aussi : vous pouvez trouver le bonheur avec un *alter ego* aux alentours de 5. Mon objectif, à travers ce parcours initiatique, est de vous permettre de rencontrer la meilleure personne pour vous, pour le roi/la reine que vous êtes. La bonne nouvelle, c'est que vous pouvez «grandir» en couple. Effectivement, au contact l'un de l'autre, vous êtes capables d'évoluer.

Le simple fait de savoir ce que vous valez vous permettra de ne plus vous perdre avec des pions, des fous, des tours et des cavaliers. Mais attention: un changement va se produire, qui vous surprendra. Quand vous étiez névrosé, ce ne sont pas les demandes et les conquêtes qui manquaient; forcément, puisque votre site Internet subliminal affichait un message susceptible d'attirer tous les prédateurs de la planète, du style «BUFFET GRATUIT ET ALCOOL À GOGO!»: pions, fous, tours et cavaliers se ruaient. Maintenant que votre message est en train de changer, vous aurez moins de candidats... mais ceux qui s'approcheront seront des personnes de qualité.

Une lectrice me fit cette réflexion, avec une pointe d'humour: «Avant de lire votre livre *Le Syndrome de Tarzan*, je *baisais* très souvent. Maintenant, les névrosés, je les vois arriver et, du coup, je ne m'en approche plus et... je ne *baise* plus! Mais j'aimais ça, moi!» Eh oui, une fois que votre détecteur fonctionne, vous constatez que vous barbotiez dans le camp des 98% et cette catégorie-là, maintenant, ne vous tente plus!

Rien ne vous empêche pour autant de vivre des aventures et d'«avoir du plaisir à deux» aussi souvent que vous voudrez. Mais pour ce qui est du choix de votre partenaire de vie, vous pourrez, à présent, être plus sélectif. Quoique butiner reste un jeu dangereux, car certains se sont fait piéger! Nous y reviendrons plus tard. Bref, vous êtes libre de mener la vie qui vous plaît maintenant que vous avez tout ce qu'il faut pour repérer les névrosés.

☆

À ce stade du livre, je vous demande de considérer que vous êtes un roi/une reine et que vous avez remonté votre confiance et votre estime. D'ailleurs, grâce à tout ce que vous avez appris, vous avez gagné vos galons pour passer du côté des 2% de personnes qui sont en mouvement vers le bonheur ou qui baignent déjà dedans.

Alors, répétez après moi, selon votre situation :

JE SUIS UN ROI.

JE SUIS UNE REINE.

VI

Quel roi/quelle reine souhaitez-vous?

☆

APRÈS TOUT CE QUE NOUS AVONS DÉJÀ TRAVERSÉ ENSEMBLE, ÊTES-vous encore porté à croire qu'un homme bien ou une femme bien, ça n'existe pas? Évidemment, si vous fondez vos statistiques uniquement sur les personnes en déséquilibre que vous avez rencontrées, vous pouvez en douter. Mais pensez-vous poser un regard objectif sur le sexe opposé?

Question:

— *Quel est le dénominateur commun entre toutes les personnes en déséquilibre affectif que vous avez attirées?*

Je vous laisse réfléchir…

▸ AURIEZ-VOUS UNE IMAGE NÉGATIVE DU SEXE OPPOSÉ?

Modifier votre regard sur l'autre, c'est réaliser que les hommes et les femmes portent les mêmes souffrances et ont la même capacité à en sortir et marcher vers le bonheur, quand ils y sont décidés. Souvent, les femmes pensent que les hommes sont moins axés sur la croissance personnelle: c'est faux, j'ai autant d'hommes que de femmes en coaching. Et j'ai vu des hommes suivre le coaching avec leur fils ou leur fille. Cependant, il est vrai que j'ai, en conférence, une grande majorité de femmes. Je pense que les hommes cherchent des solutions plus rapides, ils veulent de l'action. Alors que les femmes sont plus dans la réflexion. Quoi qu'il en soit, homme ou femme, vous êtes tous égaux devant la souffrance et devant les solutions !

▶ L'HOMME ET LA FEMME : COMPLÉMENTAIRES, PAS ADVERSAIRES !

L'homme a souvent dominé la femme, c'est un fait. Pourtant, au temps des chevaliers, c'est elle qui menait la danse et lui, transi d'amour, lui faisait la cour. Aujourd'hui, alors qu'il devrait être question d'égalité, et je suis pour l'égalité, la VRAIE (!), je me rends compte que nous parlons encore de domination : mais cette fois-ci, c'est la femme qui revendique l'« omnipotence ». Dans vos propos discriminatoires au sujet des hommes, j'entends que vous voulez le pouvoir sans partage, j'entends que vous voulez soumettre l'homme, pas vivre en toute égalité. Dans le discours des hommes machos, j'entends les mêmes propos extrémistes stériles.

Je suis pour l'égalité des sexes, des salaires et des positions, mais pas pour la domination, ni pour qu'il me pousse du poil au menton ! Vive la féminité et la masculinité : nous sommes complémentaires ! Pas adversaires !

Tout est tellement chamboulé que les hommes et les femmes ont perdu de vue leur rôle et leur statut. Dans certaines tribus, il existe des rituels initiatiques au cours desquels le jeune garçon, entraîné par les autres hommes, apprend quel sera son rôle au sein du groupe. Il en est de même pour la jeune fille qui, dès qu'elle a ses premières règles, sera initiée par ses aînées. Dans notre société moderne, dite « civilisée », personne ne vous dit quand vous êtes un homme, quand vous êtes une femme : on vous lance dans la nature, sans plus d'explications. Aujourd'hui, les magazines parlent d'« hommes roses », de « métrosexuels »... Mais qu'en est-il de la virilité ?

▶ L'HOMME EST UN CONQUÉRANT ET LA FEMME EST CONQUISE !

Si une femme vous plaît : osez ! Un « non » n'a jamais tué personne, encore moins un homme, alors qu'un « oui » vous fera peut-être gagner le paradis. Je vous rappelle au passage que c'est l'homme qui propose et la femme qui dispose. Je n'ai pas dit, madame ou mademoiselle, que si un homme vous attire il ne faut rien tenter. Vous connaissez toutes les astuces pour capter son attention. Vous avez le droit de lui sauter dessus, mais si c'est l'homme de votre vie, il passera la nuit avec vous mais risquera de s'enfuir en courant au petit matin, parce qu'une femme qu'il aura eue facilement ne sera pas d'un grand intérêt pour lui. Les hommes font la distinction entre une femme pour une nuit et une femme pour la vie. À vous de vous placer dans la bonne catégorie ! Rappelez-vous que vous cherchez votre roi, pas une friandise !

Faut-il vous rappeler que l'homme a un instinct de conquérant et que, si vous l'en privez, il se lassera bien vite de sa nouvelle prise ? Un roi ne veut pas une proie, ni un corps que vous lui jetez à la tête : il veut une conquête !

Dans une émission de télévision, une animatrice devait marier deux milliardaires, un homme et une femme, auxquels elle présentait six personnes. Or, ce jour-là, la candidate n'eut d'yeux que pour le candidat, repoussant les six autres prétendants qui lui avaient été présentés. La marieuse poussa le milliardaire à s'intéresser à elle. Ils furent filmés lors de leur première journée d'activités, ayant pour consigne de ne pas passer la nuit ensemble. L'homme était beau garçon et la femme, ravissante. Nous les suivîmes dans un spa et pendant qu'ils barbotaient, sans que rien ne le laisse présager, elle lui sauta dessus et l'embrassa ! Lui fut surpris, elle, très emballée. Au moment où elle initia ce geste, je sus qu'elle ne présentait plus aucun intérêt pour cet homme : je le lus sur son visage. Des belles femmes, il en pleuvait dans son lit, beau et riche qu'il était. Mais ce qu'il recherchait, c'était celle qui serait différente, qu'il faudrait conquérir, avec laquelle rien n'était gagné. L'émission montra la marieuse qui communiquait avec la jeune femme : celle-ci affirma qu'elle avait passé une très belle journée et attendait la suite avec impatience. L'homme, lui, indiqua qu'il partait en bateau pendant plusieurs jours et qu'il verrait à son retour s'il la rappellerait…

Il n'est pas question de jouer les « tours » imprenables, ni de manipuler. Il est simplement question de laisser l'homme vous conquérir, madame, ce qui vous permet d'apprendre à vous connaître tous les deux : cela s'appelle, au cas où vous l'auriez oublier « faire la cour ». C'est, je ne me lasserai jamais de le dire, la seule façon de tester la confiance qu'un homme a en lui. Et s'il rougit en vous parlant et que vous rougissez aussi, c'est que vous êtes au même niveau : allez-y !

Ayant eu affaire à des personnes du sexe opposé en déséquilibre (vous les avez collectionnées !), vous finissez par penser que toutes les femmes sont castratrices et tous les hommes, des primates !

Alors, je vous repose la question :

— *Quel est le dénominateur commun entre toutes les personnes en déséquilibre affectif que vous avez attirées ?*

— **VOUS !**

Je sais, ça fait l'effet d'une gifle ! Le jour où j'ai compris, toute seule dans mon coin, que c'était moi le dénominateur commun entre tous les hommes, de plus en plus déséquilibrés, que j'avais attirés, j'ai eu un choc. Ça m'a également fait du bien de constater que, si j'avais un problème, ils en avaient un aussi: 50/50 de responsabilité! Longtemps, j'ai acheté l'idée que j'étais le problème et pas eux.

Dans le monde des rois et des reines, hommes et femmes sont égaux et surtout complémentaires. Il est temps de modifier votre regard sur l'autre afin d'ouvrir la porte à une belle relation. Encore une fois, ne jugez pas le sexe opposé d'après les personnes en déséquilibre que vous avez rencontrées, puisque c'est vous qui les avez attirées.

Prenez conscience que:

Le meilleur des hommes
vaut la meilleure des femmes.

À partir de maintenant, vous êtes capable d'établir le profil de la personne que vous souhaitez à vos côtés.

▶ ÉTABLISSEZ LE PROFIL DE VOTRE FUTUR ROI/FUTURE REINE

Comment trouver la bonne personne si vous n'avez aucune idée du style d'homme ou de femme que vous désirez? Si vous vous en remettez au hasard alors que vous êtes en déséquilibre affectif, ça va encore une fois mal tourner! Vous avez compris que le hasard n'existe pas: vous allez attirer une personne comme vous.

Je vais maintenant vous livrer un grand secret: rien n'est plus facile qu'établir le portrait-robot de la personne que vous désirez rencontrer… C'est la même que vous!

Je voulais rencontrer un homme libéré de toute ex, heureux, avec de beaux projets professionnels, entreprenant et dynamique, sportif et spirituel, ayant une belle joie de vivre, de l'humour, une grande confiance et une belle estime de soi.

Qui pensez-vous que je décrivais? MOI! Et c'est exactement l'homme que j'ai rencontré.

Dans le chapitre précédent, vous aurez établi qui vous êtes, augmenté votre confiance et votre estime de soi, réalisé que vous êtes quelqu'un de bien et compris que vous êtes un roi/une reine digne d'une reine/d'un roi! Vous souhaitez donc rencontrer et attirer une personne en équilibre affectif (ou du moins au même niveau que vous, peut-être entre 1 et 4 sur l'échelle de Richter): qui a confiance en elle, s'estime bien, est heureuse en tant que célibataire et prête au bonheur à deux.

Il suffit maintenant de peaufiner les grandes lignes pour choisir la personne qui sera sur la même longueur d'onde que vous, en plus de vous attirer physiquement et de vous plaire sexuellement. Eh oui, l'entente sexuelle est très importante!

LA MÉTHODE DES CINQ CRITÈRES: SOYEZ SÉLECTIF ET ÉLITISTE, FAVORISEZ LE MEILLEUR PLUTÔT QUE LE BIEN!

Vous ne recrutez pas le moins pire pour vous: vous voulez le meilleur! Vous entendrez obligatoirement cette phrase de névrosés: «Tu es trop difficile, l'idéal et la perfection ne sont pas de ce monde.» Eh bien, c'est faux! Votre idéal, votre code AXB12, votre roi ou votre reine existe! D'autres l'ont trouvé, alors pourquoi pas vous? Voici la méthode des cinq critères, que j'explique systématiquement à mes clients.

Établissez cinq critères principaux, qui réunissent et chapotent les dix, vingt, cinquante, cent critères ou plus que vous avez peut-être déjà listés – vous êtes libre d'en noter autant que vous le souhaitez, mais résumez-les à cinq principaux.

Par exemple:

1. célibataire et séparé de son (ses ?) ex depuis un an minimum,
2. équilibré et heureux,
3. compatible sexuellement,
4. sportif et cultivé,
5. prêt au bonheur à deux.

Bien sûr, vous devez correspondre également aux critères que vous aurez énoncés. Si vous êtes une femme en couple, dépressive, sans libido et pas certaine que le bonheur existe à deux, vous attirerez le même genre de personne que vous !!!

J'en profite pour vous rappeler au passage que vous désirez la même personne que vous parce que c'est la meilleure façon de bien vous entendre. Et quand je dis « la même que vous », je parle de « vous *version améliorée* » – pas vous *avant* que vous lisiez ce livre !

> RÉFLEXION : *Quand une princesse épouse un berger, ou un prince, une bergère, c'est juste pour tourmenter la famille royale et/ou par névrose ! Je préfère la croyance qui dit « qui se ressemble s'assemble » !*

Une de mes clientes rencontra une personne très médiatisée (un homme politique), alors qu'elle-même ne l'était pas. J'attirai son attention sur le fait que cet homme sortait souvent, courait les soirées mondaines, était très sollicité. Il faut être solide pour être la conjointe ou le conjoint d'une personnalité : on vous juge, on vous observe, on vous espionne et on vous photographie ! Si vous n'êtes pas habitué à être sous les feux de la rampe, vous pouvez rapidement vous lasser de ce tourbillon, qui vous laisse peu d'intimité. Ma cliente est finalement retournée à sa vie bien tranquille : elle n'avait rien d'un papillon de nuit qu'on photographie et qu'on épingle dans les magazines people ou exhibe dans les soirées. Ce qu'elle voulait, c'était une vie de famille et un père présent pour élever ses enfants : pas un courant d'air !

Une fois les cinq critères établis, je vous conseille de les respecter. Si vous décidez tout de même de jeter votre dévolu sur une personne qui ne correspond à aucun, une « zéro critère », je vous promets l'enfer ! Avec une « un critère », vous trouverez le temps long, même si le seul critère est le sexe. Une « deux critères » ne vous emmènera pas bien loin dans la relation. Une « trois critères » vous poussera à des sacrifices, concessions et autres compromis. Quant aux « quatre critères », elles sont les plus dangereuses : vous pensez que vous n'êtes pas à un critère près et que ça pourra passer. Eh non ! Mes clients reviennent tout dépités, m'avouant que la relation a échoué, sachant très bien quel critère manquant a fait voler en éclats tous leurs espoirs.

— *Elle avait tout ce que je recherchais, on s'entendait à merveille sur tous les points, sauf qu'elle était déjà en couple...*

— *On avait les mêmes intérêts, mêmes croyances, mêmes valeurs, sauf que sur le plan sexuel, ça ne marchait pas.*

— *Nous étions exactement faits l'un pour l'autre, sauf qu'il ne veut pas d'enfant.*

— *Tout marche super bien, mais il veut partir à l'étranger et je veux rester ici.*

— *On s'entend sur tous les points, sauf au niveau financier : elle dépense tout ce qu'elle gagne, et moi, je mets des sous de côté.*

— *Tout allait bien jusqu'au jour où la mère de ses enfants a téléphoné et il ne sait pas lui dire « non ». Quand elle l'appelle, il rapplique, ventre à terre !*

— *Je croyais avoir trouvé le «cinq critères», mais quand j'ai su que son ex avait la clé de sa maison et qu'il ne voulait pas la lui reprendre pour ne pas la vexer, j'ai filé !*

— *Ça aurait pu marcher, mais elle est bien plus riche que moi et je ne peux pas la suivre dans tout ce qu'elle fait; et pas question qu'elle paie pour moi.*

Dans le dernier cas, c'est un problème que les hommes rencontrent principalement et je les comprends: il n'est pas question pour une majorité d'entre eux qu'une femme riche paie pour eux. Le mot «gigolo» s'imprime sur leur visage et ils vivent trop d'inconfort pour rester dans ce style de relation. Chacun doit décider selon ses valeurs et son confort. Dans l'autre sens, un homme riche gâtera plus facilement une femme aux revenus inférieurs: c'est plus acceptable pour la gente féminine. C'est ce que j'appelle le partage des richesses, qui se fait mieux dans le sens homme/femme que femme/homme. C'est culturel.

Bref, souvent il ne manquera qu'un seul critère. Vous aurez appris à éliminer rapidement tous ceux et celles qui sont en dessous de 4, mais la personne que vous pensiez être à 5 révélera peut-être avec le temps un problème qui la fera redescendre à 4... Courage, vous voulez le meilleur, vous le trouverez ! C'est indiqué sur votre site Internet subliminal ! Et plus ce sera inscrit, moins vous attirerez les «faux cinq critères» ou les «pochettes surprises»: seuls les rois et les reines vous approcheront ou vous laisseront approcher. Ce que j'appelle «pochette surprise», c'est la personne qui vous dit que vous êtes tout ce qu'elle recherchait et vous fait croire qu'elle est exactement ce qu'il vous fallait, mais qui n'est absolument rien de tout cela: le type dans mon bois, vous vous souvenez ?! Les «pochettes surprises» ne tiennent pas la distance. La meilleure façon de les détecter, c'est d'être patient pour vérifier si le ramage se rapporte au plumage; le naturel revient très vite chez eux, surtout si leur objectif n'est que le sexe : ils n'ont pas de patience !

Quant à vous, si votre recrue pense que vous êtes un « cinq critères », vous n'avez pas droit à l'erreur non plus. Voici une démonstration dans le témoignage qui suit.

Une cliente m'avoua que, pendant l'été, souffrant de solitude, elle avait eu une aventure avec un homme plus âgé (elle avait trente ans et lui, cinquante), au physique peu avantageux et ne correspondant pas du tout à ses critères. Le seul auquel il répondait, c'est qu'il était doux et affectueux. À la même époque, elle rencontra un homme de son âge, belle allure, bon travail, désireux de faire plus ample connaissance avec elle... Il correspondait, *a priori*, à tous ses critères, mais elle n'eut pas le temps de le vérifier : il la croisa dans un bar, un soir qu'elle était avec son amant, et détala comme un lapin ! Ma cliente voulait lui écrire pour lui expliquer. « Pour lui expliquer quoi, au juste ? lui demandé-je. Il n'y a rien à expliquer : il t'a vue avec un homme qui n'était qu'un "un critère" et tu ne pourras pas justifier cette relation sans passer par l'explication de la dépendance affective. » Et si c'est une explication, cela ne constitue pas une excuse. Elle s'en mord encore les doigts !

▶ C'EST UN HOMME OU UNE FEMME QUE VOUS SOUHAITEZ À VOS CÔTÉS, PAS UN PAPA/UNE MAMAN NI UN ENFANT !

Je tiens à préciser qu'il faut laisser tomber ceux et celles qui cherchent une maman/un papa ou encore un enfant. Vous me suivez ? Vous êtes un homme et vous voulez une femme à vos côtés et vice versa ! Pour les couples homosexuels, vous recherchez un adulte qui marchera à vos côtés. Ceux qui ont un comportement autoritaire, vous traitant comme un enfant, ou ceux qui font des caprices sont exclus automatiquement. Restons entre adultes, s'il vous plaît !

Quand vous rencontrez quelqu'un, vous détecterez s'il fait des caprices ou des colères, ou si elle se comporte comme une maman. Je me souviens d'un homme qui me disait qu'il était comme un petit chat : il fallait lui caresser les cheveux pendant qu'il se lovait sur mes genoux. Imaginez ma tête ! Un client rencontra une femme qui prenait une voix de petite fille dans l'intimité. Quant à celui ou celle qui donne des ordres, vous savez à qui vous avez affaire. Je marchais dans la rue aux côtés d'un client, en sortant d'un restaurant, quand il m'agrippa le bras et, avant que j'aie le temps de réaliser quoi que ce soit, il m'entraîna dans un magasin : j'eus l'impression d'être kidnappée ! J'éclatai de rire en lui expliquant que c'était un geste de dominateur et il le reconnut. Autre anecdote : j'organisais une petite fête à la campagne et j'avais invité plusieurs personnes du village. L'un d'entre eux me répondit qu'il ne viendrait que lorsque je l'inviterais seul, en tête à tête, pas avec les autres. J'ai vraiment cru qu'il plaisantait : il attend toujours l'invitation. Quand un comportement vous interpelle parce qu'il a quelque chose d'étrange, ne fermez pas les yeux : un voyant lumineux vient de s'allumer.

▶ SOYEZ INTRANSIGEANT SUR CERTAINS POINTS ET PLUS SOUPLE SUR D'AUTRES

a) Intransigeant

Au niveau de vos critères moraux et de vos valeurs, soyez intransigeant : pas question de négocier ! L'honnêteté est une qualité incontournable pour vous, et votre nouveau « candidat » a fait du mensonge son sport favori ? Vous êtes généreux et l'autre, égoïste ? Vous êtes fidèle, l'autre est volage, vous êtes franc, il est hypocrite ? Vous ne comprenez pas les gens racistes et il l'est ? Pensez-vous vous respecter en entretenant une relation avec une personne qui bafoue vos valeurs ? Si la réponse est « oui », il est fort probable que vous soyez un adepte de Tarzan. Souvenez-vous que les extrêmes ne s'attirent que chez les névrosés. Parce qu'en fait, ce ne sont pas les attitudes opposées qui s'attirent mais la névrose qui vous réunit, même quand vous êtes opposés.

Un autre point qui doit vous alerter immédiatement : si votre nouvelle conquête vous lance un *Je t'aime* au bout de quelques jours, prenez vos jambes à votre cou ! D'ailleurs, vous-même avez peut-être tendance à le dire rapidement. C'est le fait d'être en relation que vous aimez si vite, pas la personne ! En relation, vous avez l'impression d'exister (dépendance émotive !), alors que célibataire, vous vous sentez laissé pour compte. Comme on dit au Québec : vous êtes « en amour avec l'amour ». L'amour est un sentiment qui s'installe lentement et repose sur la connaissance de l'autre, sur le fait de l'apprécier de plus en plus et d'être au même diapason.

b) Souple

En revanche, que pensez-vous d'être souple sur d'autres critères tels que le physique, ses talents de bricoleur ou de cuisinière, la couleur de sa voiture ou de ses yeux, son métier, *etc.* ? J'en ai assez d'entendre des réflexions du style : « Je viens de rencontrer un homme, mais tu sais, il n'est pas très beau. » Ce genre de commentaire me hérisse, parce qu'il renvoie dans le monde de Barbie et Ken : le monde de l'artificiel, de la parade, du paraître. Choisir une femme parce qu'elle a de gros seins ou un homme parce qu'il est musclé est bien réducteur.

Combien de fois ai-je entendu : « Il n'était pas du tout mon genre (ou elle ne me plaisait pas) et c'est en discutant avec lui que je suis tombée sous le charme » ? Entendons-nous bien : ces personnes, au fil du temps, se sont mises à désirer l'autre, en découvrant toutes sortes de qualités. Elles ont fini par trouver leur conjoint attirant sexuellement. Chacun a ses critères physiques et c'est tout à fait naturel. Si vous faites un sondage, rares seront les personnes qui vous confieront qu'elles préfèrent les grands moches ou les petites laides. Cependant, prenez tout de même en considération chaque candidat : ouvrez grand vos yeux, vos oreilles et votre cœur afin d'être certain de repérer la bonne personne pour vous, qui se cache peut-être dans un corps que vous n'avez pas remarqué et qui saura vous charmer (je n'ai pas écrit « séduire » !) par bien d'autres atouts et qualités.

▶ CHOISISSEZ BIEN LE PÈRE/LA MÈRE DE VOS ENFANTS : VOUS EN PRENDREZ POUR VINGT ANS, MINIMUM !

Le choix de la mère ou du père de vos enfants est très important. Tout d'abord parce que vous serez deux à les élever et qu'il faut vous assurer que vous voulez leur transmettre les mêmes valeurs, que vous avez la même vision de l'éducation. Gardez présent à l'esprit que cette personne sera dans votre vie jusqu'à la majorité des enfants et que, si vous avez choisi un névrosé, vous allez vous le « coltiner » pendant un sacré bout de temps ! Car il est extrêmement difficile de sortir un parent de la vie des enfants et celui-ci en profitera pour vous faire les pires ennuis, à travers vos chers petits. Vous n'aurez pas l'opportunité de le chasser définitivement de votre existence, comme je l'ai fait avec Jim. Par contre, je n'ai pas pu en chasser Jules, puisqu'il est le père de ma fille, mais je l'ai tenu à distance (sept mille kilomètres !), bien qu'il m'en ait fait voir de toutes les couleurs quand j'habitais encore en France et que Jim est entré dans notre vie. La jalousie entre les deux Trous noirs affectifs, Jules et Jim, avec le recul, était assez comique, mais dans le feu de l'action, je n'avais pas envie de rire !

Plusieurs parents subissent le harcèlement de l'ex à travers les enfants et certains finissent par craquer. L'un de mes clients a décidé d'abandonner la garde partagée, car le fait de voir la mère chaque semaine l'exposait à toutes sortes d'attaques verbales, de manigances, de coups bas. Dès qu'il prenait une décision, elle le contrecarrait; dès qu'il imposait une éducation, elle le dénigrait. Certains sont vraiment capables de vous faire vivre un enfer: mieux vaut lâcher prise avant de finir en dépression. Les enfants de ce client auront bientôt l'âge de choisir avec qui ils souhaitent vivre et il va patienter jusque-là.

Il n'y a pas grand-chose à faire contre la mère qui vous traîne en justice tous les mois ou le père qui ne respecte pas les règles établies par le juge, n'en faisant qu'à sa tête. Et quand l'autre a décidé de se venger, croyez-moi, tous les coups sont permis! Quoi que vous fassiez ou disiez, l'autre fera l'inverse, aveuglé par la jalousie ou la rancune, faisant totalement abstraction du bien des enfants. Si vous êtes équilibré, il faudra endurer la situation pour protéger au mieux vos bambins, et si vous ne l'êtes pas, vous riposterez avec les mêmes armes, et les enfants en pâtiront. Quand ils ont le pouvoir et la maturité de décider, ils savent souvent ce qui est bon pour eux. D'ici là, patientez... Restez à leur côté, d'une façon ou d'une autre. Et si l'autre parent fait du sabotage et vous dénigre à leurs yeux, ce ne sera pas facile de redresser la barre, mais c'est possible.

Bref, si vous êtes sans enfant, voyez plus loin que le bout de votre nez ou votre névrose: réalisez que, lorsque vous aurez un bébé, il va falloir vous en occuper avec le concours de l'autre parent ou sans! Faites bien votre choix.

Autre croyance qu'il faudra éliminer: un bébé ne rapproche jamais un couple de névrosés! Si le couple est solide, un enfant viendra encore le renforcer, mais s'il est déséquilibré, la naissance renforcera le déséquilibre.

▶ Croyances, religions et autres divergences d'opinion

Autre point qu'il faut prendre en considération : la religion et les croyances de la personne que vous choisissez. Si vous n'adhérez pas à la religion ni aux croyances de l'autre, tant que vous serez en couple, vous pourrez veiller à ce que votre conjoint ou conjointe n'attire pas votre enfant dans ce qui va à l'encontre de vos valeurs. Mais le jour où vous êtes séparés, vous ne pourrez plus rien faire. Un homme était Témoin de Jéhovah et en avait été « viré » parce qu'il vivait en ménage, hors mariage, avec une femme qui avait déjà un enfant. Cette femme n'était absolument pas d'accord avec cette pensée et lui indiqua très clairement que, s'il mettait dans la tête de son enfant de telles idées, elle le virait sur-le-champ ! Ils se disputaient souvent à ce sujet, car en tant que chrétienne elle ne comprenait pas comment Dieu pouvait ordonner à ses ouailles de bannir quelqu'un, de lui interdire de revoir sa famille et ses amis, parce qu'il ne respectait pas les règles : rester vierge et ne pas vivre maritalement jusqu'au mariage. Ils se sont séparés et il a rencontré d'autres femmes et fait des enfants ; quelles garanties ont-elles qu'il ne retournera pas chez les Témoins de Jéhovah (si ce n'est déjà fait), entraînant ses petits avec lui ? Elles n'auront jamais aucun recours pour l'en empêcher, quand ils seront chez lui en garde partagée. Il pourra les obliger à faire du porte-à-porte, tel que l'exigent leurs règles, et faire en sorte qu'ils deviennent des adeptes.

Et je passe sur les histoires de parents qui kidnappent leur enfant, l'emmenant dans un pays étranger. Sans parler de certaines religions qui mènent la vie dure aux femmes : votre fille, prise dans les filets des convictions de son père, devra se soumettre à ses règles et vous ne pourrez rien faire…

La religion fait partie de l'éducation des enfants et c'est un des grands sujets de dispute dans un couple – le sexe, l'argent et l'éducation ! Pour autant, dans une relation entre deux personnes équilibrées, et pour peu que le sujet ait été abordé clairement et sereinement dès le début, deux cultures religieuses peuvent coexister, et même se nourrir l'une et l'autre. Évidemment, ce n'est pas possible quand on a affaire à des personnes dogmatiques ou extrémistes, quelles que soient leurs croyances…

L'ASPECT FINANCIER EST À PRENDRE EN COMPTE !

L'aspect financier n'est pas à négliger dans le choix d'un roi/d'une reine. Je sais, ça aussi, ça vous hérisse le poil ; l'argent est un sujet sensible, mais lisez donc ce qui suit. Il est important de vérifier si la personne que vous venez de rencontrer est stable financièrement, si elle sait tenir un budget et gérer son argent. Peut-être avez-vous déjà payé assez cher pour comprendre aujourd'hui l'importance de la stabilité financière chez votre candidat.

Si vous êtes endetté, une personne stable financièrement partira en courant. Et si vous rencontrez une personne endettée autant que vous, vous creuserez un trou deux fois plus grand ! Souvenez-vous que l'argent est une source de disputes dans un couple. Et si l'un doit de l'argent à l'autre, ça reste une dette entre vous. Le débiteur est souvent sensible à ce sujet et parfois même agressif : il se sent dominé. Puis, il y a ceux que ça ne dérange pas de prendre à l'autre tout ce qu'il a, comme un dû, avant de disparaître et de l'abandonner avec ses dettes.

Combien de mes clients arrivent dans mon bureau en état de choc : financièrement lessivés, ayant perdu leur confiance, leur estime de soi et leur fierté, ainsi que leur emploi. Souvent en dépression, ils ont emprunté l'argent du coaching à leurs parents (plusieurs avaient plus de cinquante ans !). Une fois qu'il n'y avait plus rien à prendre, le conjoint est parti plumer un autre pigeon : ça aussi, c'est une mauvaise programmation !

A-T-IL/ELLE FAIT LE DEUIL DE LA RELATION PRÉCÉDENTE ? ET VOUS ?

Quand une personne vient de rompre, elle n'a pas fait le deuil de son ancienne relation (même si elle vous dit que ça faisait longtemps qu'ils étaient « colocs ») et n'a peut-être pas appris à vivre seule. Elle va passer d'une liane à l'autre et vous êtes l'autre. D'autant que si c'est le conjoint de votre nouvelle conquête qui a décidé de rompre, vous n'êtes pas à l'abri qu'il change d'avis : vous risquez de voir votre partenaire retourner ventre à terre vers son ancienne vie. Il faut réellement que la rupture soit consommée et que le deuil soit fait. Comment le vérifier ? Est-ce qu'il vous parle sans arrêt de l'ex, vous compare à l'autre, a l'esprit ailleurs quand vous êtes ensemble, montre de la frustration, voire de la colère envers le précédent partenaire, de la tristesse d'avoir rompu ? Est-ce qu'il ne comprend toujours pas pourquoi l'autre est parti ? Est-ce qu'il rapplique en courant dès que l'ex l'appelle pour un service ? Est-ce que cet ex passe toujours avant vous ? Est-ce qu'il est sur un piédestal ? Vous fait-on sentir que vous ne lui arrivez pas à la cheville ? *etc.* Autant de signaux qui indiquent que la précédente histoire n'est pas réglée et que vous en ferez les frais. Et vous, avez-vous fait le deuil ?

ENTRE UN RIVAL ET VOUS, NE LUI LAISSEZ AUCUN CHOIX : FUYEZ !

Il existe des critères sur lesquels on ne transige pas : en plus des valeurs morales, il y a le célibat. Si vous rencontrez quelqu'un qui est engagé ailleurs, je vous conseille de passer votre chemin. Vous n'en ferez de toute façon qu'à votre tête, mais ce que je peux vous certifier, c'est que ce sera douloureux. En plus, aux yeux des enfants, de la famille et des amis, vous passerez pour celui ou celle qui a détruit le couple. Si vous avez un coup de foudre pour une personne déjà engagée, qu'elle quitte son partenaire parce qu'elle ne l'aime plus, pas pour s'accrocher immédiatement à vous. Même si la personne rencontrée vient tout juste de rompre, vous ne respectez pas votre plan : vous voulez une personne libérée de sa dernière relation, donc célibataire et heureuse. Dans le cas où ils sont séparés depuis longtemps, si l'ex continue à « baver » en le regardant ou s'il la regarde avec regret, candidature rejetée ! Veillez bien que ce soit vraiment définitivement et irrémédiablement terminé entre eux.

Une de mes clientes venait de mettre un terme à une nouvelle relation : quand l'ex de son nouveau copain avait appris son existence (la rupture était fraîche), elle était revenue dans le décor et lui ne savait plus laquelle choisir. C'est ma cliente qui a décidé : elle est partie. Quand un partenaire hésite entre son ex et vous, fuyez ! Refusant de choisir, il préférera avoir deux bouées au lieu d'une seule et ira de l'une à l'autre. Donc, mon conseil, si vous avez un rival, c'est de vous retirer.

▶ LE PREMIER ET LE DEUXIÈME SERVICE

Si, malgré toutes vos mauvaises expériences, vous pensez encore qu'il existe des gens bien sur cette planète, vous êtes souvent persuadé qu'ils sont déjà tous casés. C'est faux : vous êtes quelqu'un de bien et vous êtes libre ! Vous aurez plus de chances de rencontrer une personne équilibrée et heureuse dans le « deuxième service ».

Le « premier service » est constitué de personnes ayant de vingt à quarante ans : c'est la période durant laquelle vous vous cassez les dents sur de mauvaises relations. Puis, vous arrivez à la croisée des chemins. À quarante ans, soit vous faites une pause pour comprendre de quoi sont mortes vos relations, vous réglez la dépendance affective et émotive et vous repartez dans la bonne direction pour rencontrer un roi/une reine, soit vous repartez pour une tournée, continuant votre collection de pions, fous, tours et cavaliers, persuadé à chaque essai que cette fois-ci sera la bonne, jusqu'à vous écœurer et y laisser toute votre confiance et votre estime de soi.

Donc, de quarante ans jusqu'à la fin de votre vie, c'est ce que j'appelle le « deuxième service » : éclairé sur la façon de « recruter » la meilleure personne pour vous, vous avez toutes les chances de la rencontrer. Mais si vous restez dans la stratégie « j'attrape tout ce qui passe », la souffrance va augmenter, je vous le garantis. C'est pourquoi vous aurez plus de chances de trouver une personne équilibrée dans le « deuxième service » : elle aura suffisamment de (més)aventures à son actif pour comprendre qu'elle avait un problème et aura pris le temps de le régler.

L'expérience vient avec le nombre d'années et de ruptures. Cependant, je suis heureuse de constater que j'ai de plus en plus de clients âgés de dix-huit à trente ans. Après une relation ou deux, ils réalisent que quelque chose ne va pas et, grâce à Internet et aux médias, ils ont les moyens de comprendre ce qui cloche chez eux. Ils tapent quelques mots-clés et tombent sur des sites ou des textes qui expliquent la dépendance affective et émotive. Certains décident alors d'arrêter là l'expérience de la souffrance : ils veulent être heureux ! Non seulement ils trouvent le chemin du bonheur, mais ils seront de bons parents, conscients des besoins affectifs d'un enfant. De plus, ils n'ont en général pas eu le temps de « s'acoquiner » avec un névrosé qu'il aurait fallu endurer après la séparation jusqu'à la majorité des enfants ou bien plus longtemps !

Un roi/une reine, ça peut déstabiliser !

Souvent, mes clients m'appellent, perturbés: ils viennent de rencontrer quelqu'un d'équilibré et sont déstabilisés ! Je me souviens de l'un d'eux qui m'avoua être complètement perdu: la femme qu'il avait invitée lui avait annoncé qu'elle était parfaitement autonome, à tous les niveaux. Panique à bord ! Imaginez un pompier qui n'aurait plus aucun feu à éteindre ! Lui était spécialisé en sauvetage en tous genres, sa vie se passait à régler les problèmes des autres et surtout des femmes. Il se retrouvait le bec dans l'eau, ne sachant plus comment se comporter. De quoi parle-t-on avec une femme qui va bien, dont la vie est organisée et qui ne veut que du bonheur ? On parle de bonheur. Mais encore faut-il connaître le sujet !

Des clientes ont vécu la même aventure quand, abonnées aux Trous noirs affectifs de première, elles ont rencontré des hommes équilibrés: au lieu de les réduire en esclavage, ils prenaient soin d'elles, attentionnés et gentlemen qu'ils étaient. Elles s'y sont très vite habituées !

VII

Votre stratégie pour prendre le roi/la reine

☆

LE SECRET DE LA RÉUSSITE, C'EST D'AVOIR LA BONNE STRATÉGIE pour atteindre votre objectif: attirer l'amour, donc votre roi/reine; **l'amour ne se chasse pas, il s'attire!**

Qu'est-ce qu'une stratégie? Définition: «Art de planifier et de coordonner un ensemble d'opérations en vue d'atteindre un objectif.» Votre objectif: repérer votre reine/roi en étant vous-même un roi/une reine et en éliminant tous les pions, fous, tours ou cavaliers qui se dressent sur votre route.

Vous n'avez aucun pouvoir sur le jour, le lieu, la date et l'heure de la rencontre. En revanche, vous avez du pouvoir sur votre site Internet subliminal en travaillant votre confiance et votre estime de soi, ainsi que vos croyances, dans le but d'attirer du positif. Autre chose: avant de mettre un pied sur l'échiquier, dites clairement à votre subconscient ce que vous voulez atteindre afin qu'il sache ce que vous attendez de lui. Il sera votre meilleur allié dès que vous lui aurez précisé quel bonheur vous souhaitez. Ces demandes que vous faites à l'Univers, je peux vous assurer que c'est votre subconscient qui les entend en premier. Visualisez-vous dans une relation heureuse et il saura exactement ce que vous souhaitez.

Vous avez maintenant établi le portrait-robot de la personne que vous souhaitez à vos côtés. Que faire dès que vous croisez un candidat potentiel? Étudier son curriculum vitae! Il vous en dira long, si vous savez l'interpréter. Et pour cela, il faut observer votre tableau de bord, poser les bonnes questions et faire confiance à votre intuition.

▶ LE TABLEAU DE BORD

Avant de décoller dans une relation, regardez bien votre tableau de bord, comme le fait un pilote d'avion: s'il y a le moindre voyant lumineux rouge qui clignote, débarquez! Pourquoi prendre le risque de vous écraser? Et plus vous resterez dans cette relation, plus dure sera la chute...

Afin de procéder aux vérifications d'usage avant de vous lancer dans une relation, je vous conseille de poser «Les cinq questions» qui vous permettront de *scanner* la vie de votre nouvelle rencontre, pour détecter tout symptôme de dépendance affective et émotive. Soyez également à l'écoute de votre intuition: il se peut que quelque chose vous tracasse, sans que vous arriviez à mettre le doigt dessus. Or, l'inconfort et l'anxiété sont des messages du subconscient: il a détecté ce que vos yeux n'ont pas vu ou refusent de voir! Quand une relation finit mal, mes clients me disent souvent: «Je l'ai su dès le début, que quelque chose n'allait pas, mais je n'ai pas voulu m'écouter.»

C'est pourquoi il faudra vérifier votre tableau de bord tout au long de votre vie de couple: tout inconfort ou anxiété sera là pour vous signaler que quelque chose ne va pas. Le couple est en train de déraper ou s'enlise et il faudra réagir vite. Même au bout de trente ans de mariage! Quand l'un des deux trompe l'autre, la personne le sent intuitivement mais ne veut pas le voir. Je le sais pour l'avoir vécu: mon mari passait TOUTES ses nuits avec sa maîtresse pendant ma grossesse, mais je me disais que peut-être JE me trompais !

Une cliente me raconta qu'elle souffrait d'anxiété.

— Dans quelles circonstances ? lui demandé-je.

— Quand mon copain dort à côté de moi, répondit-elle.

— Et si tu dors seule ?

— Je n'en souffre pas.

— Fais-tu un lien entre sa présence et l'anxiété ?

— Non.

Quand elle eut ouvert les yeux, elle mit un terme à cette relation et put dormir en toute sérénité. Puis elle rencontra son roi et dormit comme un bébé à ses côtés. Pourquoi ne faisait-elle pas le lien ? Parce que sa peur d'être seule l'aveuglait.

C'est simple : AIMER, c'est être heureux. L'inconfort, la souffrance, l'anxiété sont autant de voyants qui clignotent de plus en plus fort pour vous alerter !

▶ Les cinq questions

Construisons ensemble votre détecteur de pions, fous, tours et cavaliers. Il est infaillible à partir du moment où vous respectez les règles de sécurité. Pour distinguer l'imposteur de la personne équilibrée, voici la liste des informations qu'il vous faut recueillir à partir des cinq questions suivantes à poser à votre nouvelle conquête (vous pouvez également vous les poser à vous-même).

1. *Comment sont les relations avec les parents?*

Renseignez-vous sur l'état des relations entre la personne et ses parents. Voici trois cas de figure :

a) «Je déteste mon père ou ma mère, ou les deux.»

Alerte rouge, ça clignote! Souvenez-vous que la dépendance est générée par une carence affective dans l'enfance. Creusez pour savoir ce qui est reproché aux parents. Même si cette haine est justifiée, il n'en reste pas moins que le problème n'est pas réglé et que la personne est probablement enfermée dans un rôle de Desperado ou de Trou noir affectif. Avez-vous envie de rencontrer ses parents après tout ce qu'elle vous aura raconté sur eux?

Mon conseil: débarquez de la relation!

b) «J'ai longtemps détesté mon père ou ma mère ou les deux, cependant aujourd'hui c'est réglé: je leur ai pardonné.»

Cette personne a beaucoup travaillé sur elle-même afin de comprendre pourquoi ses parents ont agi de la sorte avec elle: ils ne peuvent souvent donner que ce qu'ils ont reçu, et s'ils n'ont rien reçu, pas facile de donner. L'important est que la personne soit en paix avec ses parents, qu'elle continue à les voir ou non, car pardonner ne signifie pas être obligé de les fréquenter. Le pardon n'implique pas qu'elle reprenne des relations avec ceux qui l'ont blessée.

Tout va bien, vous pouvez continuer les investigations.

c) «J'adore mes parents, ils sont formidables.»

Vous êtes en présence d'une personne qui a reçu amour, reconnaissance et protection, qui s'aime, se reconnaît, se respecte et qui va chercher à développer une vie de couple fondée sur le respect et l'amour.

Tout va très bien. Mais continuez à ouvrir vos yeux et vos oreilles en posant la deuxième question.

2. *Les relations avec les ex se vivent comment?*

Cette enquête vous procurera des informations intéressantes. Demandez comment se sont passées la vie en couple et les ruptures avec les ex.

a) Le cas classique: la personne vous explique que tous ses ex étaient des alcooliques, ou toutes ses ex, des hystériques. Premièrement, elle attire toujours des personnes manifestant le même déséquilibre (dépendances, infidélité, instabilité financière, *etc.*) et deuxièmement, elle se positionne en victime, sans se remettre en question.

   Alerte rouge! C'est mathématique: si votre «prospect» n'attire que des pions, des fous, des tours ou des cavaliers, c'est qu'il est également un pion, un fou, une tour ou un cavalier. Pour réussir une relation, c'est 50/50 de responsabilités, pour la faire échouer aussi!

   Débarquez!

b) Il se peut qu'elle vous explique qu'effectivement elle a attiré beaucoup de pions, de fous, de tours ou de cavaliers, mais qu'elle a compris qu'elle les attirait: son manque d'estime de soi et de confiance la projetait sur n'importe quelle pièce, sauf un roi ou une reine. Depuis, elle a rehaussé sa vision d'elle-même à travers une démarche personnelle, des lectures et des conférences, et la voilà prête pour une reine ou un roi.

   Tout va bien sur votre tableau de bord. Continuez à observer ses comportements pour être certain qu'elle pense ce qu'elle dit et ce qu'elle fait.

c) Et si la personne vous explique qu'après une ou deux, voire trois (més)aventures amoureuses, elle a enfin compris ce qu'elle veut (un roi ou une reine) et ce qu'elle ne veut plus (pions, fous, tours, cavaliers), vous pouvez continuer vos investigations avec sérénité: calme plat sur votre tableau de bord. Cette personne aura probablement eu de bons parents, et deux ou trois mésaventures auront suffi à la réaligner vers le bon objectif.

Vous pouvez passer à la troisième question.

3. *La conception du couple ressemble à quoi?*

C'est le troisième point à vérifier: demandez à votre nouvelle conquête quelle est sa conception de la vie de couple pour vous assurer que vous avez la même.

a) Si elle a la même conception du couple que vous – une maison et des enfants (je schématise!) –, si c'est ce que vous souhaitez, vous êtes sur la bonne piste!

b) Vous préférez vivre chacun chez soi et l'autre aussi: parfait!

c) Vous voulez vivre sous le même toit, mais l'autre préfère rester chez lui: vous avez un problème.

d) Et il existe toutes sortes de situations qui ne vous conviendront pas: il veut partir sur un beau voilier, parcourir les océans avec sa dulcinée et vous n'avez pas le pied marin: débarquez! Elle se voit à la campagne, élevant un troupeau de moutons et vous détestez la nature: sauvez-vous avant de vous faire tondre! Elle se voit mariée et vous êtes terrifié par le mariage, ou vous voulez vous marier et elle vous répond que ça ne sert à rien: vous avez un problème!

Je ne dis pas que le fait de vouloir se marier est une preuve d'équilibre (je me suis mariée sans être équilibrée!). Je dis simplement que, si c'est important pour vous et que l'autre refuse catégoriquement, vous n'êtes pas sur la même longueur d'onde.

e) Elle veut des enfants, vous n'en voulez pas. Il en a déjà et n'en veut plus, alors que votre rêve est d'en avoir : changez de cavalier, oups, de roi !

f) Il ne veut pas s'engager, alors que vous êtes prête à fonder un foyer : on vous propose une « amitié avec compensation », sauf qu'il n'y a pas d'amitié mais juste la compensation : LE SEXE ! Attention : vous allez peut-être accepter, pensant que l'autre s'attachera avec le temps. Puis un beau jour, il se lasse ou elle vous annonce qu'elle a rencontré quelqu'un et vous vous écroulez.

   Vous souhaitez vous engager, donc choisissez quelqu'un qui en est au même stade que vous dans sa vie. L'autre a le droit d'avoir peur de s'engager et vous avez le droit de passer votre chemin. C'est tentant de penser que, si vous divergez sur certains sujets, le temps et l'amour aidant, vous ferez changer d'idée votre partenaire. C'est un risque à prendre, mais peu gagnent à ce jeu-là. Écoutez ce que l'autre vous dit et prenez-le pour argent comptant : n'insistez pas. Et puisque vous aurez posé ces questions au tout début de la relation, il sera facile pour vous d'y mettre un terme et de passer à un autre dossier.

   Question suivante !

4. *Où se voit l'autre dans cinq ans ?*

a) Si votre nouvelle relation vous annonce que d'ici quelques années elle sera installée au Congo ou en Alaska parce qu'elle vient de demander sa mutation là-bas, alors que votre vie et votre carrière sont à Paris ou à Montréal, ça va coincer !

b) Si c'est quelqu'un d'instable, qui n'a pas encore choisi dans quel pays il va se poser, aimant le vôtre mais aimant les autres aussi, il n'est pas utile d'envisager une relation stable : l'oiseau va s'envoler et vous n'aurez que vos yeux pour pleurer.

c) Si elle se voit déjà avec trois enfants dans cinq ans, il faudrait que vous soyez partant.

   La meilleure réponse serait que vous vous voyiez au même endroit et dans le même style de vie. Je reçois des couples qui réalisent qu'ils sont opposés sur de nombreux sujets : l'un aime la ville, l'autre, la campagne. L'un veut une maison, l'autre, un appartement. L'un veut vivre dans la montagne, l'autre, à la mer et au soleil. L'un veut partir dans un pays étranger, l'autre pas.

   Rejoignez-vous dans vos projets de vie. Et posez la dernière question : les regrets.

5. *Est-ce que l'autre a des regrets ?*

Demandez à votre nouvelle conquête si elle a des regrets. Ces derniers peuvent perturber une personne toute sa vie, la rendant aigrie ou coupable, ce qui nuira à vos relations. Regretter d'avoir quitté son ex, de ne pas avoir fait d'études, d'avoir pris de mauvaises décisions sont autant d'éléments qui figent la personne dans le passé et les émotions négatives. Si la personne est bien dans sa peau, elle ne regrette rien, assumant chacune de ses décisions, vivant dans le présent où elle construit un avenir florissant.

Seuls comptent le présent et le futur : vous retirez l'expérience du passé qui est ancrée en vous et vous laissez les émotions négatives derrière vous. C'est ce que produit la déprogrammation en PNL.

☆

Imaginons que vous ayez obtenu les bonnes réponses à vos cinq questions:

1. En paix avec ses parents;
2. A tout compris de ses ex et est prêt à s'engager dans une vraie relation;
3. A la même conception du couple que vous;
4. Se voit au même endroit que vous dans cinq ans;
5. N'a aucun regret.

Même si votre tableau de bord vous signale que tout va bien et que votre «enquête» est satisfaisante, je vous encourage à laisser passer du temps avant de passer aux relations sexuelles: apprenez à connaître la personne, faites des activités ensemble, et si elle vous a menti sur un sujet quelconque ou si quelque chose ne vous convient pas, il sera toujours temps de vous en rendre compte et de débarquer. Si jamais vous découvrez que la personne a été malhonnête, vous vous en voudrez d'être passé dans son lit... Ne soyez pas méfiant pour autant, juste prudent!

▶ VÉRIFIEZ OÙ EN EST LA PERSONNE AUX SIX NIVEAUX LOGIQUES

Autre méthode pour vérifier si la personne rencontrée est heureuse: posez-lui des questions sur ses six niveaux logiques. Vous pouvez vous renseigner sur ces sujets dans le désordre. Et ça alimente votre conversation...

1. SON ENVIRONNEMENT. Renseignez-vous sur son domicile et son travail: les aime-t-elle? A-t-elle des amis positifs? Vous serez déjà au courant pour les parents et les ex. Voyez si elle préfère la ville ou la campagne: c'est un point qui pourrait bien vous séparer plus tard...

2. Ses comportements. Vous pourrez l'observer et vérifier à travers ses gestes et ses paroles si elle est au même niveau de confiance et d'estime de soi que vous. L'attitude au restaurant vis-à-vis des serveurs est toujours intéressante à étudier, la façon de conduire aussi.
   A-t-elle la même éducation que vous, est-elle à l'aise dans votre milieu ? Bref, observez !
3. Ses capacités. Vous pourrez mesurer ce que sa confiance lui permet de faire, si elle est plutôt intellectuelle qu'aventurière. La personne doit être comme vous : si vous aimez le parachutisme et le saut à l'élastique et qu'elle préfère la poterie et les mots croisés, vous aurez un problème sur le choix des activités du week-end ! Soyez à l'écoute, elle vous dira tout !
4. Ses croyances/ses valeurs. C'est un point que vous aurez validé. Je ne reviendrai pas là-dessus. Si vous n'avez pas les mêmes, vous rencontrerez des problèmes !
5. Son identité. Il est important de savoir si cette personne sait qui elle est et où elle va, si elle a une bonne connaissance de ses capacités et de ses talents. Mieux vaut qu'elle vous raconte son bonheur plutôt que ses malheurs passés !
6. Sa spiritualité/sa mission. Demandez-vous simplement si elle est heureuse, sur quelle philosophie de vie (ou religion) elle s'appuie et ce qu'elle fait de tout ce bonheur !

En fait, le principe est simple : il faut vous rejoindre dans la majorité des niveaux, l'idéal étant à tous les niveaux !

Dramatisons :

1. Son environnement. Il aime la campagne et possède une ferme. Vous êtes une citadine et aimez la vie nocturne.

2. SES COMPORTEMENTS. Vous êtes très «jet-set» et elle n'a aucune idée de la façon de s'habiller dans une soirée. Elle déteste les robes et les talons hauts et a tout du garçon manqué.
3. SES CAPACITÉS. Elle a peur de tout et vous êtes un aventurier!
4. SES ROYANCES/SES VALEURS. Il pense que vos histoires de subconscient sont des âneries et la spiritualité, pour lui, c'est une secte!
5. SON IDENTITÉ. Elle vous avoue que ça fait dix ans qu'elle se cherche...
6. SA SPIRITUALITÉ/SA MISSION. Il pense qu'on est sur Terre pour souffrir et il cherche la personne qui le comprendra et le soutiendra dans ses malheurs.

Vous pensez que j'exagère? Croyez-moi, c'est la réalité! Quand je fais un coaching de couple, après avoir suivi chaque personne individuellement, je les remets ensemble pour voir si «le nouveau mélange prend»! Je leur fais croiser leurs six niveaux logiques et c'est très amusant: ils réalisent qu'ils sont opposés!

Un exemple très simple: le couple fait du vélo (tous les deux aiment ça), mais monsieur est plus sportif dans sa façon de pédaler et madame aurait tendance à faire du tourisme: elle lui reproche de pédaler à un kilomètre devant elle et il lui reproche de «traîner». Elle lui demande de rester à côté d'elle au moins le dimanche quand ils en font ensemble (le reste du temps, il y va avec des amis qui pédalent aussi vite que lui). Il ne comprend pas pourquoi il ferait l'effort de rester à côté d'elle. Elle me regarde, découragée. Il prend la carafe d'eau qui est posée entre eux, sur un plateau avec deux verres, il se sert et boit: il n'en offre pas à sa compagne. Elle me regarde et me dit: «Tu vois, c'est tout le temps comme ça!» Et lui: «Mais quoi, qu'est-ce qu'il y a ?» Le plus fort, et ça se voit dans ses yeux, c'est qu'il n'a aucune idée de ce qu'elle veut ! Elle lui reproche de ne pas être galant et attentionné (ça fait trente ans qu'elle lui fait cette demande) et lui, même avec la meilleure volonté du monde, ne comprend toujours pas ce qu'elle attend de lui. Il n'est pas un homme attentionné et galant, et ne le sera jamais. Il en a le droit. Elle a également le droit d'en avoir assez, parce que, dans ses valeurs, un homme doit être attentionné. Ils se sont séparés et ont trouvé, madame, son homme galant, et monsieur, sa femme qui n'aime pas qu'on la « chouchoute ».

Cette simple question de la galanterie fait partie des points à explorer : si vous êtes une femme qui apprécie les hommes galants et que vous tombez sur un homme qui ne l'est pas, ou au contraire si vous n'aimez pas cela et que vous avez rencontré un homme qui l'est, vous n'êtes pas sur la même longueur d'onde que lui ! Un de mes clients se plaignait que sa conjointe refusait de monter ou descendre de la voiture s'il ne lui tenait pas la portière! Entendons-nous bien : la galanterie ne s'exige pas, madame. Elle ne s'impose pas non plus, monsieur : si votre conjoint fait une crise parce que vous êtes sortie de la voiture sans son aide, vous n'avez pas fini de vous disputer !

Là aussi, vous avez un indicateur. Il vous tient la portière au début de la relation et, une fois installés ensemble, vous pouvez bien vous débrouiller seule pour sortir de la voiture : la diminution des attentions (d'un côté comme de l'autre) est un symptôme d'usure du couple. Tirez le signal d'alarme et demandez à votre partenaire ce qui se passe. Il se peut qu'il soit fatigué ou qu'elle soit préoccupée. Il se peut aussi que la relation soit en train de s'émousser...

Sur certains sujets, personne n'a tort, personne n'a raison, mais dans un couple, il est essentiel d'être en accord !

Alors, galanterie ou pas galanterie ?

En êtes-vous au même point que votre roi/reine dans la vie ?

Il vous restera à vous demander si la personne en est au même point que vous dans sa vie. Ce sera vraiment à vous d'en juger, car dans ce domaine, rien n'est mathématique. Je vais cependant vous donner des pistes : si vous êtes déjà installé, ayant acquis un bien immobilier, avec un ou plusieurs enfants et une carrière professionnelle stable et que vous avez en face de vous un candidat qui est endetté, n'a jamais eu d'enfant et est en réflexion quant à sa carrière professionnelle, ça risque d'être compliqué.

Si vous avez des enfants déjà autonomes et que vous rencontrez une personne dont les enfants ont entre un et dix ans, êtes-vous prêt à être de nouveau en situation d'éducateur de jeunes enfants une semaine sur deux ?

Si vous n'avez pas d'enfant, êtes-vous prêt à élever ceux de votre conjoint ?

La différence d'âge est aussi à considérer car elle créera une distorsion au niveau de la stabilité : une femme mûre et établie qui s'installe avec un jeune homme dans la vingtaine risque de devoir jouer à la Playstation ou de passer ses soirées seule sur le canapé pendant qu'il joue avec des copains. Si c'est l'homme qui est plus âgé, aura-t-il envie de sortir tous les week-ends pour aller dans les boîtes de nuit ?

Une de mes clientes, dans la quarantaine, avait eu un coup de foudre pour un jeune homme de même pas trente ans qui avait trois enfants en bas âge, dont le dernier venait de naître. Elle s'apprêtait à être grand-mère, sa fille ayant quitté le nid familial depuis longtemps. Quand elle m'expliqua qu'elle était prête à redevenir mère par intérim des trois charmants bambins, je lui demandai plusieurs fois si elle était certaine de cela. Aveuglée par les effets bénéfiques de sa relation sur sa confiance et son estime de soi (la différence d'âge la flattait et l'attention que lui portait son jeune amant aussi), elle assura que c'était ce qu'elle désirait. Quelque temps plus tard, elle revint me voir, des cernes sous les yeux, et je lui demandai ce qu'il lui arrivait: elle avait juste gardé son petit-fils une nuit et une journée et elle était épuisée! Curieuse, je m'informais de la suite des événements avec son jeune amant: son petit-fils lui avait donné la réponse et elle avait mis un terme à la relation!

Un autre client avait passé la cinquantaine et son obsession était d'avoir un enfant: il n'avait pas réussi avec sa première conjointe malgré tous leurs efforts et il l'avait quittée pour une femme de vingt ans sa cadette. Ils eurent l'enfant tant désiré. Malheureusement, il découvrit qu'à son âge il ne supportait pas les nuits blanches, n'avait aucune patience ni l'énergie d'élever un bambin.

Vérifiez que vous correspondez au style de vie de la personne que vous venez de rencontrer. Une période d'essai, pour le cas où vous auriez des doutes, vous sera bénéfique. Ça passera ou ça cassera!

Il faut ensuite écouter votre intuition (inconfort/anxiété). Mais surtout, évitez les relations sexuelles dès le début: prenez votre temps pour apprendre à connaître la personne rencontrée, laissez monter la confiance, la complicité et le désir. Quand vous «consommez», ça bloque votre raisonnement, surtout si l'autre est «doué» au lit! De plus, si vous découvrez plus tard que la personne vous a «roulé», vous vous en voudrez d'être de nouveau tombé dans le piège d'un pion, d'un fou, d'une tour ou d'un cavalier. Chassez le naturel, il revient au galop: patientez, faites des activités ensemble, discutez, surveillez tous les points de votre tableau de bord. Vous serez tellement fier d'avoir éliminé un névrosé!

LES TROIS NIVEAUX D'UNE RENCONTRE

Une rencontre se fait à trois niveaux :

1. le physique,
2. la raison,
3. le cœur.

1. LE PHYSIQUE : c'est l'attirance sexuelle. C'est souvent au premier coup d'œil que vous savez si une personne vous plaît ou non. Son aspect physique vous attire mais également, ainsi que vous l'avez découvert, son site Internet subliminal. Soit c'est son équilibre associé à son physique qui fait que le charme opère, soit c'est son déséquilibre associé à son corps. Attention : certaines personnes dégagent tellement de sensualité qu'il est difficile de résister quand vous êtes fragilisé. Faites appel au deuxième niveau, la raison, pour savoir si vous pouvez aller plus loin.

2. LA RAISON : en regardant votre tableau de bord, en comparant vos six niveaux logiques, votre raison vous dira si vous devez faire un repli stratégique (malgré l'attirance physique) parce que cette personne est déséquilibrée, ou si vous pouvez vous engager dans la relation. Alors, vous pourrez tranquillement passer à l'étape des sentiments.

3. LE CŒUR : la personne vous attire physiquement et intellectuellement, elle semble correspondre à votre roi/reine et vous la fréquentez depuis suffisamment longtemps pour être rassuré et vous laisser aller à des sentiments. À ce stade de la relation, vous avez déjà un aperçu de votre entente sexuelle, qu'il ne faut sutout pas négliger : il est important d'être au diapason sur cet aspect-là. La complicité d'un couple est également basée

sur le sexe : si vous ne vous entendez pas au bout de trois ou quatre essais, cessez donc de fermer les yeux, au sens propre comme au sens figuré !

▶ LES COMPULSIONS, SYMPTÔMES MAJEURS DE DÉPENDANCE AFFECTIVE

Dernier point : si vous constatez la moindre compulsion chez votre nouvelle recrue, attention! Faut-il en rappeler la liste ? Alcool, drogue, sexe, nourriture, jeu, travail, achats, bref, tout ce qui est en excès et dont la personne ne peut pas se passer doit vous alerter.

Une de mes clientes élimina ainsi un candidat dès l'apéritif. Avant l'entrée, au restaurant, il avait déjà bu trois bières ; elle lui demanda s'il ne trouvait pas que c'était un peu trop, ce à quoi il répondit que, dans sa famille, c'était tout à fait normal : tout le monde buvait entre trois et cinq bières avant le repas.

Un autre client m'annonça qu'il avait rencontré quelqu'un de bien et que rien ne clignotait sur son tableau de bord. Quand il me raconta sa première soirée, j'appris qu'ils avaient terminé tous les deux dans son lit, en état d'ébriété ! Saouls tous les deux pour un premier rendez-vous, je n'ose imaginer les suivants !

Autre cas : une cliente rencontra un homme qui se disait disponible pour fonder un foyer et élever des enfants, mais il travaillait tellement qu'elle ne pouvait jamais le joindre. Il était d'ailleurs si occupé qu'il ne la rappelait que rarement.

Enfin, un phénomène que mes clients rencontrent souvent : ils passent après les amis de leur nouvelle conquête. Par exemple, une femme se rendait dans les soirées de ses amis et n'allait voir son prétendant (mon client) qu'à la fin de ces soirées. Non seulement n'y était-il pas convié, mais elle ne lui consacrait du temps que lorsqu'elle n'avait pas d'autres invitations.

Une personne équilibrée sait répartir son temps entre sa famille, ses amis et sa vie professionnelle. Elle sait rester dans le plaisir, sans tomber dans le besoin.

UNE CHOSE IMPORTANTE : pendant tout le processus d'investigation et l'étude du curriculum vitae, considérez que votre prospect est peut-être la bonne personne pour vous. Faites-lui confiance tout en restant prudent. Parce que si vous êtes méfiant, il sentira de la résistance et sera méfiant à son tour... Vous partirez sur de mauvaises bases. Vous comprenez pourquoi plus vous aurez confiance en vous, plus vous aurez confiance en l'autre ? Cette confiance en vous vous permet d'appliquer soigneusement la stratégie et de fonctionner sur la certitude que, si vous découvrez quoi que ce soit qui clignote, vous serez parfaitement capable de débarquer. C'est la raison pour laquelle les rois et les reines sont confiants : ils savent que si un intrus envahit leur territoire, ils sont en mesure de le repousser. Alors que le dominateur préfère attaquer, par peur de ne pas en être capable, le dominé, quant à lui, se laisse écraser.

Si vous n'avez pas peur des autres, vous allez vers eux ou vous les laissez approcher et vous triez : les pions, les fous, les tours et les cavaliers d'un côté, et les rois/reines de l'autre !

VIII

Vos pièces maîtresses: détectez les pièges et renforcez vos atouts

☆

LA STRATÉGIE N'A PLUS DE SECRET POUR VOUS. FAISONS MAINTENANT le tour de vos pièces maîtresses: de nouveaux éléments qui vous permettront de mettre toutes les chances de votre côté pour gagner... votre roi/reine!

Dans tout jeu, celui qui connaît les pièges et évite d'y tomber possède une longueur d'avance. Je précise «évite d'y tomber», car mes clients les connaissent puisque nous en faisons le tour, mais certains tombent tout de même dedans! Pourquoi? Parce qu'ils pensent pouvoir contourner les règles, comme des enfants défiant leurs parents... Et ils se cassent les dents!

Mais l'être humain est ainsi fait: il a besoin d'expérimenter, ce que je comprends parfaitement chez mes clients. Ils pensent parfois que j'exagère ou qu'ils seront plus rusés que la situation. Croirez-vous ce qui suit ou préférerez-vous expérimenter? À vous de choisir!

Les pièges

Si tout est calme sur votre tableau de bord et que vous avez décidé de vous lancer dans cette relation, il ne faut pas pour autant vous endormir sur vos lauriers: restez vigilant! Des problèmes peuvent se profiler à l'horizon et vous risquez, une fois la relation avancée, de tomber dans des pièges.

Ne faites pas taire votre intuition

Vous avez souvent du mal à distinguer votre intuition de vos peurs. Est-ce votre intuition qui vous signale que ce n'est pas la bonne personne pour vous ou bien avez-vous peur de vous engager avec une personne équilibrée? J'interviens beaucoup auprès de mes clients pour les aider à démêler leurs émotions. C'est votre confiance qui permet de faire la différence. Néanmoins, un voyant lumineux rouge vient de s'allumer et il vous faudra détecter pourquoi.

N'acceptez pas l'inacceptable

Par peur de la solitude, vous serez tenté de fermer les yeux sur plusieurs points que vous découvrirez «à l'usage»: l'infidélité, les problèmes financiers, la jalousie et la possessivité, une ou plusieurs compulsions, le mensonge, le mauvais caractère, la fainéantise, le chantage affectif, l'égoïsme, du désintérêt pour le sexe, l'avarice, une répulsion pour les (vos?) enfants, pour les animaux, une propension à passer plus de temps avec ses copains qu'avec vous, une peur de s'engager, un désintérêt pour la relation, une tendance à vous négliger, à vous chercher des poux, à vous faire des réflexions désagréables, vous dénigrer, vous mettre tout sur le dos, à retourner toutes les situations à son avantage, à vous étouffer, à vous appeler trop souvent, à vous reprocher de ne pas lui donner assez d'attention, un manque de confiance, une volonté de se metre à votre service, de forcer votre bonheur, une incapacité à faire quoi que ce soit sans vous, les caprices, les exigences, l'autorité et bien d'autres comportements qui vous dérangeront rapidement mais que seul « l'usage » fera remonter. Suivant ce que vous serez prêt à accepter dans l'inacceptable, vous saurez à quel niveau de névrose vous êtes sur l'échelle de Richter.

La meilleure chose à faire est de pratiquer la politique de la « tolérance zéro » ; encore faut-il en être capable : ayez le courage de renoncer au décollage !

❖ *Ne vous accrochez pas parce que l'autre a débarqué*

Si c'est l'autre qui descend de l'avion, ça fait mal parce que ça vous renvoie à un sentiment de rejet et d'abandon, à votre manque d'estime et de confiance : vous êtes prêt à tout pour le faire revenir et votre réflexe sera de vous accrocher. « Tu me fuis, je te suis ! » Pourtant, il vous rend un grand service : pour s'aimer, il faut être deux et il vient de démissionner ! Vous pouvez vous remettre en question pour comprendre s'il a fui à cause de vous ou à cause de lui. Généralement, vous êtes très sévère avec vous-même et vous restez persuadé que c'est votre faute. Soyez honnête et réfléchissez : faites l'autopsie de cette relation et découvrez si vous avez eu des peurs ou si vous vous êtes engagé sincèrement dans cette relation. Peut-être êtes-vous tombé sur une personne équilibrée qui a décelé chez vous les symptômes du syndrome de Tarzan, ou encore l'autre ne s'est pas senti « à la hauteur » et a détalé.

❖ *Le syndrome de l'iceberg*

Les phrases du style *Tout le monde a des qualités* ou encore *Je ne regarde que les qualités d'une personne et pas ses défauts* vous paraissent-elles justifiées ? Hitler avait des qualités, Napoléon Bonaparte aussi, ainsi que Franco et Mussolini, et tous les autres dictateurs de ce monde : mais leurs défauts ont coûté la vie à des milliers de personnes.

Prenez un iceberg et considérez que la partie émergée représente les qualités d'une personne et la partie immergée, ses défauts :

QUALITÉS
DÉFAUTS

C'est l'un des pièges les plus dangereux : vous vous concentrez sur les qualités de la personne que vous avez rencontrée pendant que ses défauts vous détruisent à petit feu : le temps que le capitaine du Titanic aperçoive la partie émergée, le paquebot était déjà éventré par la partie immergée de l'iceberg !

❖ *Le besoin de sexe*

De quinze à trente-cinq ans, l'activité sexuelle est en ébullition. De trente-cinq à quarante-cinq ans, vous croyez qu'elle est encore en ébullition, et passé quarante-cinq ans, le sexe peut prendre une tout autre dimension. C'est vrai que l'être humain est soumis à une force qui le pousse à procréer (ou plutôt à faire semblant !). Mais réfléchissez quelques minutes à la perception que vous avez du sexe, sachant qu'avoir une relation sexuelle ne signifie pas « exister ». Permettez-moi de vous demander si tous vos rapports sexuels vous ont donné du plaisir. Combien de fois « l'avez-vous fait » pour faire plaisir à l'autre, pour le retenir, pour l'acheter, alors que vous n'en aviez pas envie ? Le besoin de sexe ou la croyance que vous en avez besoin vous pousse dans bien des lits de pions, fous, tours ou cavaliers. J'étais la première à m'y précipiter !

❖ *Le besoin de sauver ou d'être sauvé*

Vous le savez maintenant, si vous êtes poussé par un besoin de sauver l'autre ou d'être sauvé, vous êtes en déséquilibre. Un roi/une reine n'a pas ces besoins et donc ne peut répondre aux vôtres si vous les avez. Demandez-vous simplement ce qui vous attire chez l'autre: ses faiblesses ou ses qualités? Le fait qu'il soit vulnérable ou qu'il soit fort? autonome ou dépendant? plus intelligent ou moins intelligent?

❖ *Vos croyances limitantes et vos peurs*

Je ne reviendrai pas sur les croyances limitantes et les peurs qui vous ligotaient et vous empêchaient d'inscrire le bon message sur votre site Internet subliminal: c'est réglé! Soyez toujours conscient que ce que vous croyez existe et qu'à ce titre vous influencez votre avenir et que les pensées négatives sont rapides à revenir si vous les alimentez.

❖ *Sacrifices, compromis, concessions: les SCC*

Les SCC appartiennent au vocabulaire de l'ancien temps, celui où il était très mal vu de divorcer. Si vous aviez misé sur la mauvaise pièce, vous n'aviez plus qu'à endurer votre pion, fou, tour ou cavalier jusqu'à ce que la mort vous sépare! Quel est le meilleur moyen d'acheter la paix? C'est de céder. Céder aux SCC, c'est planter la graine de la frustration qui va pousser à la vitesse grand V et vous étouffer en moins de temps qu'il n'en faut pour le dire. En vous «sacrifiant» au rituel des SCC, vous rivalisez dans un bras de fer dont vous sortez toujours perdant, parce que l'autre vous écrase et vous écrasera. Vous cédez pour acheter une paix que vous avez rarement... Vous laissez l'autre vous dominer, puis vous humilier et vous mépriser. Bien sûr, c'est ce qui arrive à ceux qui sont au niveau égal ou supérieur à 5 sur l'échelle de Richter.

Mais ça peut être extrêmement désagréable aussi entre 1 et 4: quand l'autre vous lance une petite phrase assassine, souvent devant la famille ou les amis, du style: «La cuisine, ce n'est pas ton fort, hein, ma chérie?», «Si tu étais capable de bricoler, ça se saurait!», «Tu serais perdu sans moi», «Ce n'est pas ta principale qualité, tenir un budget», «Si je la laissais faire, il y a longtemps qu'on serait ruinés ! », et qu'il vous reprend chaque fois que vous ouvrez la bouche, avec un petit commentaire doucereux qui pique au vif. Vous finissez par perdre le respect de vous-même, votre confiance et votre estime de soi s'effilochant au fil des mots tranchants que votre conjoint vous glisse, de plus en plus agacé...

❖ *La réconciliation sur l'oreiller : autres termes pour « violence conjugale » !*

Autre piège : croire que les disputes avec réconciliation sur l'oreiller font partie intégrante de la vie de couple. Trouvez-vous normal de vous disputer, de vous insulter, voire de vous frapper, alors que vous êtes censés vous aimer ? Chaque dispute ou, pire, chaque coup porté à l'âme ou au corps creuse un fossé qui ne cesse de s'élargir. Quant à la réconciliation sur l'oreiller, si vous avez besoin de vous disputer, voire de vous taper dessus, pour libérer votre libido, peut-être est-il temps de consulter...

Les premiers coups que j'ai donnés et reçus m'ont choquée : je ne pouvais pas croire que j'en étais arrivée là. Je n'ai jamais vu personne dans ma famille se battre ou s'insulter. Petit à petit, l'habitude s'est installée et c'est presque devenu un mode de communication musclé, puis la récompense suivait : le sexe ! Vous avez l'impression que c'est meilleur après la dispute, mais c'est juste parce que vous voulez être réconforté après l'altercation. Celui qui a frappé se confond en excuses et la victime domine son dominateur en le culpabilisant. Pensez-vous que ce soient là les meilleures conditions pour avoir une relation sexuelle ?

❖ *Ne confondez pas « amour » et « sexe »*

Autre piège dans lequel vous tombez régulièrement (j'y suis tombée plus souvent qu'à mon tour, fut un temps !) : ce n'est pas parce que quelqu'un a des relations sexuelles avec vous ou encore vous demande de l'affection et/ou vous en donne qu'il vous aime. Certaines personnes peuvent être intenses pendant l'acte, mais une fois qu'elles sont sorties du lit, vous êtes aussitôt oublié ! D'autant que vous pensez que vos performances ou votre bonne volonté retiendront celui ou celle que vous convoitez : pas du tout ! Vous n'aurez que son corps et encore !

❖ *Les « relations pantoufles »*

Ravi de rencontrer pour la première fois un roi/une reine, vous vous jetez la tête première dans la relation ! Mais il faut que ce soit VOTRE roi/reine : en plus d'être équilibré et sur la même longueur d'onde que vous, en plus de l'attirance intellectuelle et physique, il faut qu'il vous fasse ressentir quelque chose de particulier. Ça ne peut pas être qu'un choix raisonné et raisonnable, une sorte de mariage arrangé entre deux monarques qui réunissent leur équilibre. Et l'amour dans tout ça ? C'est quand votre cœur fait *boom* et que ça vous transporte de joie !

Il faut garder présent à l'esprit que, même si une personne correspond en tous points à ce que vous recherchez, il faut en plus que la chimie passe entre vous. Pas question de faire un mariage de raison !

J'ai souvent entendu mes clients m'expliquer qu'ils ne voulaient plus de passion (de névrose !) dans leur couple et qu'ils préféraient une relation fondée sur la raison : une personne avec qui on s'entend bien, mais à laquelle on n'est pas trop attaché, avec qui le sexe est juste pas mal, voire absent. Vous tombez alors dans les « relations pantoufles », une sorte de *modus vivendi* entre colocs, arrangement entre deux individus qui ne veulent pas être seuls et qui ont l'illusion d'une vie de couple, souvent sans sexe. Êtes-vous vraiment prêt à faire une croix sur le sexe? Vous êtes nombreux à vous être «endormi dessus»! Cela dit, vous avez le droit de choisir votre vie: favoriser la sécurité à l'amour, préférer vivre une sorte de colocation plutôt que revivre seul en attendant la bonne personne. Mais je vous rappelle que votre objectif est d'être pleinement heureux en couple, avec votre roi/reine.

❖ *Ne refusez pas tous les candidats pour des broutilles!*

Il ne faut pas tomber dans l'excès inverse et refuser chaque candidat pour des détails. Heureux d'être éclairé sur la méthode pour choisir un roi/une reine, vous risquez de voir en chacun de vos prospects un suspect! Votre détecteur, mal réglé et trop sensible, bipe à tous coups! Souvenez-vous que chaque personne que vous rencontrez est innocente jusqu'à preuve du contraire. Ne partez pas du principe que votre stratégie est de démontrer la culpabilité de tous ceux que vous croisez! Méfiez-vous de l'insatisfaction chronique!

❖ *Attention aux attentes!*

Ne pas avoir d'attentes signifie ne pas extrapoler, tant que vous n'êtes pas certain de vos sentiments et de ceux de votre prospect. Cependant, vous avez tout de même des exigences: au niveau des valeurs, de l'éducation et des comportements. Parfois, vous nommerez cela «attentes», comme un employeur s'attend à ce que vous respectiez votre contrat. Il est évident que ce «contrat», vous en aurez discuté ensemble et que, tombant d'accord (sa vision du couple, où il se voit dans cinq ans, s'il veut des enfants, *etc.*), vous vous attendrez à ce qu'il respecte ce qu'il vous aura dit. Jusque-là tout va bien. Mais parlons plutôt des attentes dans le sens d'extrapolation.

Avant d'être éclairé sur les règles du jeu des échecs amoureux, vous aviez des attentes: dès qu'une personne manifestait le moindre intérêt à votre égard, vous faisiez déjà dérouler le film de votre vie de couple et vous vous imaginiez à Noël, avec vos petits-enfants, autour du sapin. Évidemment, quand la relation avortait, votre monde imaginaire s'écroulait dramatiquement : vous aviez tellement d'attentes ! Et votre peine en était d'autant plus lourde. Votre objectif étant d'être en couple à tout prix, vous lui lâchiez le fameux *Je t'aime* trop vite (ça aussi, ça sent la dépendance émotive à plein nez !). Pourquoi trop vite ? Parce que, premièrement, il faut du temps pour connaître une personne et que la certitude d'être amoureux ne vient pas instantanément, même s'il y a eu coup de foudre. Le coup de foudre est une violente attirance reposant sur le physique et le site Internet subliminal de la personne. C'est seulement avec le temps que vous pourrez vous laisser aller à la découverte de vos sentiments. Mais vous, dès la première semaine, vous l'aimiez, aussi rapidement que vous aviez aimé tous les autres ! Et votre prospect s'est enfui... Ou alors, c'est vous qui vous êtes livré à un repli stratégique quand, au bout d'une semaine, vous parliez déjà des prénoms des enfants.

Quand vous êtes en période d'approche, puis de découverte, suivant votre stratégie, vous devez rester prudent (pas méfiant !), ce qui signifie que même si vous imaginez quelle vie vous auriez ensemble (c'est normal !), gardez en mémoire que rien n'est gagné et qu'il faut y aller étape par étape. De cette façon, si vous êtes tombé sur une « pochette surprise », vous pourrez en rire au lieu d'en pleurer. Imaginez un pont de corde et de planches au-dessus d'un gouffre, comme dans un film d'Indiana Jones : quand vous serez de l'autre côté, vous pourrez vous laisser aller à des sentiments, mais tant que vous traversez, songez bien que chaque planche sur laquelle vous vous appuierez peut casser. Il ne s'agit pas de tomber dans la paranoïa, mais si vous vous mettez à courir sur le pont en clamant des *Je t'aime* à tout va, vous risquez bien de tomber dans ce gouffre sans fond...

Prudence est mère de sûreté : lancez-vous, confiant, dans vos investigations, mais dès qu'une planche vous semble peu fiable, qu'un voyant vient de s'allumer sur votre tableau de bord... écoutez votre intuition !

❖ *Ne confondez pas dominant et dominateur*

Les trois prochaines anecdotes vous démontreront qu'un dominateur peut se cacher derrière ce que vous pourriez prendre pour un dominant. Certaines personnes vont poser des gestes qui vous paraîtront pleins d'audace, pleins de confiance, mais seule la suite des événements vous permettra de découvrir s'il s'agit de quelqu'un d'exceptionnellement équilibré ou d'exceptionnellement... névrosé ! Le premier coup peut être spectaculaire et c'est le coup d'après qui vous dira la vérité.

Lors d'une émission de radio, avant que je rencontre mon roi, j'expliquais que je ne laisserais entrer dans ma vie qu'un mâle alpha. Quelques jours plus tard, un auditeur m'écrivit ceci :

> *Je me nomme Roger, j'ai cinquante-cinq ans. Je crois que tu me cherches depuis longtemps, je suis ton mâle alpha ; en tout cas, c'est ce que j'ai ressenti. Il faut un certain culot pour oser t'inviter à prendre contact en me téléphonant. Trois minutes de conversation, à bâtons rompus, et tu sauras.*
>
> *P-S : Si tu veux me voir, je suis sur Facebook.*

Je répondis poliment, n'ayant pas apprécié le tutoiement ni son besoin de reconnaissance (*Il faut un certain culot pour oser t'inviter*), encore moins son ton autoritaire, que je le remerciais pour son intérêt, mais que je ne donnerais pas suite et que je n'étais pas, de toute façon, sur Facebook. Je ne me sentais vraiment pas sur la même longueur d'onde que lui et plusieurs choses me dérangeaient, m'alertaient dans son message : les voyants clignotaient !

Il m'envoya un autre message assez grossier (je m'y attendais !) : *il avait un corps d'athlète et je passais à côté de quelque chose, je n'étais qu'une femme superficielle et je regretterais de ne pas avoir donné suite à sa proposition.*

Drôlement fâché, le monsieur, que je n'aie pas craqué et sauté à pieds joints sur sa proposition ! Comme vous pouvez l'imaginer, je ne répondis pas. Ce monsieur-là n'était pas, comme il l'affirmait, un mâle alpha, mais plutôt un gros bêta ! Un dominant aurait respecté ma réponse et, à la base, m'aurait écrit d'une tout autre façon. L'homme propose, la femme dispose. Quand l'homme ou la femme s'impose, fuyez !

Dans l'anecdote suivante le style me correspondait, mais voyez plutôt la suite. Voici ce qu'un admirateur anonyme m'écrivit :

Chère Pascale,

Je dispose d'un très léger avantage. Vous ne me connaissez quasiment pas et je vous connais un peu. J'aimerais vous connaître plus intimement et percer le mystère Pascale. Si rencontrer un homme ne vous effraie pas (bien que vous revendiquiez un semblant de retour à la virginité après des années de jachère sentimentale), alors pourquoi ne pas le faire et dissiper ce mystère ?

Mercredi prochain. À midi. Librairie sur Côte-des-Neiges ? J'y serai. À quoi me reconnaîtrez-vous ? Rassurez-vous, je ne souffre pas du syndrome de Tarzan et je ne porte pas de caleçon en peau de léopard. Non pas parce que je n'aime pas ça, mais parce que le léopard appartient aux espèces protégées (comme les baleines bleues, les politiciens honnêtes ou les médecins modestes). Je porterai une montre au poignet gauche, vous voyez, vous ne pourrez pas me manquer.

À mercredi, j'espère.   Bien à vous, Jack Deboncœur

Trouvant le message amusant et le style enlevé, je répondis par l'humour et, surtout, précisai que je n'étais pas disponible à ce moment-là et que, s'il n'était pas comme les éclipses solaires, visible une fois tous les mille ans, nous pourrions choisir une autre date.

Voici ce qu'il répondit :

Dommage, chère Pascale. J'étais prêt à vous enlever, comme les gentilshommes savaient le faire avec panache à la Renaissance.

Je repars donc seul retrouver ma solitude sur mes lointaines terres sentimentales en friche.

Il n'y aura pas d'autre occasion.

Bon vent, bonne chance.

Je n'ai rien répondu mais j'ai éclaté de rire ! Mon agenda chargé m'avait empêchée de perdre mon temps dans la librairie : j'aurais fini par déceler son attitude dominatrice.

Adieu, Jack Deboncœur… ou plutôt Jack le dominateur ! Je n'ai jamais su qui c'était et, croyez-moi, ça ne m'intéresse pas ! Je vois bien, à votre mine déconfite, qu'à ma place vous auriez éprouvé le besoin de connaître son identité… Pas moi !

Le premier message était attractif, mais ce cher Jack présumait que, toutes affaires cessantes, j'allais le rejoindre en courant. A-t-il respecté le fait que j'aie un agenda chargé ? M'a-t-il laissé le choix de la date, du lieu et de l'heure, quand je lui ai répondu que ce qu'il me proposait était impossible ? Décelez-vous le dominateur ?

Le dominant propose, le dominateur impose (et de même pour la dominatrice). Le deuxième n'accepte pas un refus, alors que le premier, si vous le repoussez, vous souhaitera une bonne journée !

Un autre homme m'envoya un beau poème (un texte de Jacques Higelin) par Internet, utilisant également un pseudo. Je trouvais cela charmant, audacieux et quand je lui demandai de dévoiler son identité, il répondit: «Si vous me croisiez dans la rue, vous ne vous retourneriez même pas.» Parfait, j'ai laissé tomber. Lui était un dominé: sa réponse suintait le manque de confiance et d'estime de soi, pourquoi m'obstiner? Il avait raison, je ne me suis pas retournée! Dans cet exemple, celui qu'on aurait pu prendre pour un dominant était un dominé.

Jack Deboncœur et Roger étaient des dominateurs et le poète mystère, un dominé! Mais où sont les dominants? Je dois préciser que ces messieurs ne se sont manifestés que par Internet interposé. Pas par téléphone ou en personne. J'appelle ça les «propositions kamikazes». C'est comme un geste désespéré, une sorte de «quitte ou double» transpirant la névrose, vous ne trouvez pas? En ce qui me concerne, je quitte.

❖ *La différence d'âge*

La différence d'âge crée des décalages. Même si «aux âmes bien nées, la valeur n'attend pas le nombre des années», chaque âge a tout de même des particularités. J'ai bien connu cette situation: j'étais en couple avec Jim, de quinze ans mon cadet. J'avais une maison et une belle situation professionnelle, alors que lui avait des dettes, une belle grosse moto (comprendre «un gouffre financier»!) et venait de se faire virer de chez son père. Avec le recul, je ris de la différence de maturité qui existait entre nous! Mais à l'époque, aveuglée par l'image qu'il me renvoyait de moi, de ma féminité et de ma capacité à séduire un garçon bien plus jeune, je fermais les yeux sur toutes les bêtises qu'il faisait. Il me prenait pour sa mère et je n'ai pas voulu le voir, puisque je ne le considérais pas comme mon fils. Je n'ai, à ce jour, croisé aucun couple avec une grande différence d'âge, égale ou supérieure à quinze ans, qui fonctionnait de façon équilibrée : j'entends par là un roi et une reine adultes et non un papa et sa fille, ou une maman et son fils. Il peut y avoir un accord tacite qui fera que les deux y trouveront leur compte, et c'est tant mieux ! Mais est-ce que ça durera ?

Quand nous nous sommes rencontrés, Jim voulait m'épouser et me faire un enfant, mais trois ans plus tard, il me lançait : « Tu es belle aujourd'hui (j'avais quarante ans), mais dans dix ans… » La bienséance ne me permet pas de vous raconter ce que je lui ai répondu ! Quand vous êtes encore jeune et que vous devez vous occuper d'une personne vieillissante, avec tout ce que cela implique, le romantisme n'est plus à l'ordre du jour. L'arrangement devient souvent un marché de dupe, jusqu'au jour où l'un des deux reprend le cours de sa vie, avec un compagnon de son âge. Pensez-y à deux fois avant de vous engager dans cette voie : vous avez tous les outils pour prendre la bonne décision et l'assumer, quelle qu'elle soit.

Jules, quant à lui, dix ans de plus que moi, n'arrêtait pas de me dire : « Mais qu'est-ce que tu fais avec un type comme moi ? Tu es cultivée et instruite, contrairement à moi, et un jour tu partiras avec un homme de ton âge ! » Entendez-vous ce qu'il clamait ? Son insécurité au niveau de l'instruction et de la culture (être sur la même longueur d'onde !) et sa peur que je parte avec quelqu'un de mon âge. Et pourtant sa maîtresse était plus jeune que moi ! Ah, névrose, quand tu nous tiens !

Maintenant que vous êtes conscient de tous les pièges qu'il faut éviter, faisons le tour de tous les points forts qui sont de votre côté : vos atouts !

▶ VOS ATOUTS

Pour commencer, j'aimerais que vous puissiez intégrer ceci : le célibat, c'est la sagesse d'attendre la bonne personne.

❖ *Soyez fier d'être célibataire*

Vous êtes donc célibataire et libre de choisir le meilleur pour vous. Parmi mes clients et relations, j'en vois qui se lancent très souvent et, bien que capables de débarquer rapidement d'une relation, ne réagissent pas assez vite : ils ont encore des difficultés au stade de la sélection. Ils sont pressés de changer leur statut de « célibataire » pour celui de « en couple ». Être célibataire est bien plus paisible que de démarrer une multitude de relations qui avortent. Soyez patient et vigilant, attendez de croiser le candidat qui vous correspond au maximum. Profitez du célibat pour vous rencontrer et installer votre plaisir à jouir de la vie. Ce faisant, vous renforcerez votre authenticité, qui vous êtes et ce que vous voulez.

❖ *L'authenticité*

Votre capacité à être authentique envers l'autre et envers vous-même est une pièce maîtresse pour jouer au jeu des échecs amoureux. Plus vous serez sincère, plus vous serez transparent et plus vous rendrez simple la relation, en donnant les bonnes informations à la personne que vous rencontrez. Soyez vrai ! Si vous jouez un rôle, vous transmettez de fausses données à l'autre qui part avec des cartes brouillées. Comment voulez-vous vous retrouver ? Parlez ensemble très franchement afin de déterminer rapidement si vous avez des critères communs ou si vous êtes opposés. Annoncez clairement ce que vous attendez d'une relation de couple et vos perspectives d'avenir : si l'autre a peur et fuit, tant mieux ! S'il reste, c'est qu'il est aussi clair que vous l'êtes.

Si vous n'êtes pas naturel avec votre nouvelle « recrue » lors de vos rencontres, elle va sentir que quelque chose accroche. Cela la mettra mal à l'aise, elle se refermera et vous mettra à son tour dans une situation d'inconfort. Son intuition lui aura signalé que quelque chose ne tourne pas rond; comme elle ne pourra pas mettre le doigt dessus, elle deviendra méfiante. Si, par exemple, vous avez peur de ne pas lui plaire, votre peur sera interprétée comme une résistance et l'autre pensera qu'il ne vous plaît pas. Vous vous faites peur mutuellement, pour des raisons différentes, alors que vous poursuivez le même objectif !

❖ ***Charmez mais ne séduisez pas !***

Charmer, c'est « être », et séduire, c'est « faire ».

Charmer, c'est être ce que vous êtes dans toutes les circonstances de votre vie : quand vous parlez, chantez, mangez, dormez, au travail comme à la maison, même quand vous êtes malade, vous continuez à avoir du charme !

Séduire, c'est construire un piège pour attraper une proie, se transformer en ce que l'autre peut aimer pour le faire tomber dans vos filets. Vous devenez polymorphe, vous faites accroire que vous êtes ce que vous n'êtes pas. Les séducteurs n'ont qu'un seul objectif : consommer rapidement puis s'enfuir. Rien de plus hypocrite qu'un séducteur : il connaît toutes les ficelles du métier. Certains le seront par instinct de survie (ils séduisent pour nourrir leur besoin de reconnaissance, d'affection et de protection), d'autres, par jeu : ils s'amusent à vous faire céder. Dans le règne animal, les prédateurs tuent pour se nourrir, d'autres, plus rarement, juste pour tuer.

Autre façon de voir les choses :

- Charmer, c'est attirer la bonne personne.
- Séduire, c'est courir après la mauvaise personne.

Une de mes clientes, récemment célibataire, était paniquée parce qu'elle ne savait plus ce qu'il fallait faire pour séduire. «Rien, lui répondis-je, juste être toi!» Mais elle insista, argumentant qu'elle avait vu des émissions de télévision et des reportages dans les magazines qui expliquaient ce que les hommes aimaient ou n'aimaient pas. Séduire, je l'ai fait et je n'étais qu'un prédateur fier de ses proies: une coquille vide! Tout n'était que paraître, esbroufe, techniques, à tel point que je m'y suis perdue. Je les renifle à cent kilomètres, les séducteurs et séductrices, et certains de mes clients ont essayé leurs griffes pendant mes séances de coaching: ce fut très simple de les dégriffer! Quand vous êtes habile à déceler l'authenticité, vous l'êtes à reconnaître ceux qui ne le sont pas. D'ailleurs, figurez-vous qu'ils le lisent inconsciemment sur votre site Internet subliminal! Et même si c'est plus fort qu'eux, au premier coup de dent, si ça résiste, ils préfèrent battre en retraite qu'y laisser le dentier. S'ils s'acharnent, c'est qu'ils ont senti la faille.

❖ *Dites la vérité !*

Parfois, vous cachez la vérité ou vous l'omettez par peur d'effrayer l'autre: vous espérez pouvoir distiller l'information ou la faire passer à un moment plus propice. Réalisez-vous que vous commencez une relation sur des bases faussées? Si votre nouvelle conquête s'en rend compte, il y a de fortes probabilités qu'elle en soit offensée: par manque de confiance en vous et en elle, vous avez menti…

Je souriais quand on me demandait autrefois, surtout lors d'émissions de radio ou de télévision: «Ne craignez-vous pas de faire peur à celui que vous rencontrerez, quand vous lui annoncerez que vous n'avez pas eu de relations sexuelles depuis dix ans?» Non, ça ne m'effrayait pas, pas plus que cela n'a effrayé mon roi. Souvenez-vous que les commentaires et critiques parlent de celui qui les émet!

J'eus l'occasion de rencontrer la nouvelle copine d'un client et ils me racontèrent comment ils avaient vécu leur premier rendez-vous. Elle avait affirmé qu'elle ne voulait pas d'un homme qui vivait chez sa mère. Oups, il venait de se séparer et c'est justement chez sa mère qu'il vivait en attendant de trouver un appartement. Il le lui cacha, mais elle finit par l'apprendre. De son côté, elle avait « omis » de lui dire qu'elle vivait avec son enfant adolescent (cette vieille croyance que, lorsqu'on a un ou plusieurs enfants, plus personne ne veut de vous !). Pendant qu'ils me racontaient leurs « mensonges » respectifs, je réalisai l'infaisabilité de cette relation et eux aussi : comment croire quelqu'un qui décide quand il doit mentir ou non ? Une relation est basée sur la confiance : 100 % ou 0 %, pas de milieu. Si vous perdez 0,1 % de la confiance de l'autre, vous tombez à 0. Ils s'obstinèrent quelque temps, mais finirent par reprendre chacun son chemin, plus riches d'expérience. Mon client jura qu'il serait transparent dans la prochaine relation.

❖ *Soyez une personne de confiance*

J'ai souvent affaire à des personnes blessées par un mensonge du passé et qui, malgré tous leurs efforts, n'ont jamais pu s'en remettre : dans leur esprit, qui a menti mentira. L'authenticité permet à l'autre d'être rassuré sur le fait que vous donnez l'heure juste, même quand parfois il aurait préféré entendre autre chose. Une cliente était très choquée, car elle avait demandé à son nouveau copain s'il était prêt à vivre avec elle : il avait répondu que c'était trop tôt pour en décider puisqu'ils ne se connaissaient que depuis quelques semaines. Se sentant rejetée, elle n'avait pas compris qu'il était simplement honnête : combien auraient répondu *Mais oui, ma chérie,* pensant l'inverse, juste pour flatter et rassurer leur nouvelle conquête ?

❖ *Refusez une candidature avec classe*

Si vous réalisez que ça ne fonctionnera pas avec votre « prospect », dites-le-lui rapidement, avec courtoisie, mais directement. En général, l'autre a déjà détecté que quelque chose ne fonctionnait pas, mais s'accroche désespérément à l'idée qu'un miracle pourrait se produire. Ne le laissez pas mijoter. Plus vite vous direz la vérité, moins l'autre souffrira. Et s'il essaie de vous rendre responsable de sa peine, vous lui répondrez simplement que vous la comprenez, mais que vous ne pouvez rien faire de plus. Évitez les tirades du style : « Tu trouveras quelqu'un de bien. » Dites plutôt : « Je ne suis pas la bonne personne pour toi. » Ne portez aucun jugement : l'objectif n'est pas de l'accabler. Par exemple : « Je te remercie de ton intérêt, mais je ne donnerai pas suite. » L'autre demandera pourquoi et vous pouvez répondre : « L'alchimie ne se fait pas. » Maintenant, si l'autre vous a manqué de respect, vous avez le droit de le remettre à sa place, mais restez digne et fier. Souvenez-vous que, si vous tombez sur un dominateur ou une dominatrice, ils n'accepteront pas facilement votre refus et le ton pourrait monter : attention aux insultes, qui ne salissent que vous quand vous les prononcez. Coupez tout contact et passez votre chemin.

Votre candidature est éliminée : tant mieux !

Vous avez le choix entre deux possibilités :

- soit vous jeter dans les affres du rejet et de l'abandon,
- soit remercier la personne qui vient de vous signaler qu'elle n'a pas le même code que vous. Au suivant !

Je vous conseille la deuxième solution : souvenez-vous, vous avez « grandi » ! C'est un réflexe d'enfant intérieur que de se sentir rejeté et abandonné parce que quelqu'un vous dit « non ». Si je place cinq personnes devant vous et qu'une seule est la bonne, on est d'accord que vous risquez d'entendre quatre « non », avant de trouver votre roi/reine ? L'objectif étant de rencontrer la meilleure personne pour vous, inutile de perdre du temps avec ceux et celles qui ne sont pas faits pour vous. Heureusement qu'ils vous éliminent, sinon vous seriez peut-être encore en train de vous poser des questions sur cette relation. Se poser des questions, c'est déjà avoir une réponse. Si vous vous questionnez à propos de votre relation, c'est souvent que quelque chose accroche; si ce n'est pas le cas, contentez-vous d'être heureux et d'en profiter !

❖ *Comment terminer une relation ?*

Dernier point : comment terminer une relation ? Ce n'est pas la partie la plus drôle, car vous avez peur de faire de la peine. Alors, ne sachant pas comment vous y prendre, vous angoissez, tournant et retournant dans votre tête ce que vous direz ou écrirez. Je souris quand j'entends cette théorie : il faut rompre en personne. Souvenez-vous ce que je vous ai enseigné : objectif et stratégie. Votre objectif est de prévenir la personne que cette relation ne vous convient pas (ou plus !), votre stratégie est de le lui faire savoir le plus rapidement possible. Pour elle et pour vous, car vous stresserez tant que vous ne le lui aurez pas dit et elle mijotera pour les mêmes raisons. Donc, que ce soit en personne, par téléphone, texto ou courriel, peu importe : l'essentiel est de le lui dire.

La personne dont la candidature est rejetée a de fortes probabilités de tomber dans le rejet et l'abandon. Elle revendiquera que vous rompiez en personne, parce que ça lui donnera l'occasion de vous convaincre de ne pas la quitter : soit avec des larmes, soit en vous culpabilisant, en argumentant que vous ne lui avez pas donné sa chance et, le bouquet final, en vous attirant dans son lit, essayant de vous corrompre par le sexe. Et vous risquez de marcher ! Si vous souhaitez vous dérober à toutes ces manigances, qui ne seront que perte de temps si votre décision est prise, mieux vaut envoyer un message et en terminer ainsi. L'autre vous reprochera votre lâcheté, racontera à tout le monde que vous n'avez pas eu les tripes de rompre en personne, mais de toute façon, à bien y réfléchir, il trouvera toutes sortes de choses à vous reprocher. Alors, restez dans votre confort !

Je tiens à vous rappeler que, lorsque vous décidez de mettre un terme à une relation, il faut que vous soyez 100 % convaincu de votre décision, sinon l'autre vous déstabilisera avec toutes les stratégies évoquées ci-dessus. Et vous ressortirez de la discussion toujours prisonnier de cette relation, reparti pour un tour gratuit !

☆

Maintenant que vous connaissez les pièges et vos atouts, vous avez toutes les chances de rencontrer votre roi/reine. Mais vous vous demandez peut-être à quoi ressemble la vie à deux, avec le roi/la reine que vous aurez choisi(e)…

IX

Comment régner à deux

☆

VOUS LE SAVEZ MAINTENANT, QUAND ROIS ET REINES SE RENCONTRENT, ils forment un couple harmonieux, dans lequel ils sont égaux, parce qu'ils sont une équipe:

1 + 1 = 2

Aucun des deux ne domine l'autre.

Que signifie «régner»? Un roi et une reine règnent sur leur propre royaume: ils ne sont pas esclaves de leur passé (les mauvaises programmations) ou des autres (peur du jugement, peur de déplaire), mais ils sont bien maîtres de leur vie. Si vous n'êtes pas capable de gérer votre vie et que vous vous associez à quelqu'un qui n'est pas capable de gérer la sienne, que pensez-vous qu'il se passera? Deux personnes qui ne savent pas piloter aux commandes d'un même avion! Le pire étant que l'autre risque de vouloir piloter votre vie, si vous lui laissez votre siège: il vous dominera. À l'inverse, s'il ne pilote pas sa vie, vous le dominerez!

Roi ou reine, vous aurez découvert que vous êtes heureux et équilibré et votre histoire d'amour a de grandes chances de démarrer par un coup de foudre!

▶ CE N'EST PAS LE COUP DE FOUDRE QUI EST DANGEREUX MAIS LES GENS FOUDROYÉS !

Un roi et une reine peuvent avoir un coup de foudre dès le premier regard : chacun se reconnaît dans le message annoncé sur le site Internet subliminal de l'autre. Ils réalisent instantanément (et inconsciemment !) qu'ils ont le même code : AXB12 ! Vous avez souvent un mauvais *a priori* vis-à-vis du coup de foudre, parce que vous l'associez à la passion destructrice. C'est le cas quand il s'agit de deux névrosés qui se reconnaissent au niveau de leurs enfants intérieurs, en situation de survie : leur relation sera aussi destructrice que leur névrose sera grande et le coup de foudre... foudroyant !

Alors que deux personnes équilibrées peuvent vivre un magnifique coup de foudre, qui donnera le coup d'envoi d'une belle vie de couple. Bien sûr, soyez prudent : ce n'est pas la preuve irréfutable ni la garantie de votre réussite. Continuez à respecter les consignes de sécurité. Mais c'est un bon présage.

Je souris, aujourd'hui, quand je croise des hommes pour lesquels, dans mon ancienne vie, j'aurais été foudroyée et qui me font l'effet d'un pétard mouillé. Vous ferez le même constat après la lecture de ce livre : vous serez capable d'identifier ceux et celles pour lesquels vous auriez craqué par le passé, mais que vous gardez maintenant à distance. C'est déjà une belle victoire !

▶ L'ÉQUILIBRE D'UN COUPLE REPOSE SUR L'AMOUR, LA CONFIANCE ET LE RESPECT

Une belle vie de couple est fondée sur l'amour, la confiance et le respect, pas sur la domination. Est-ce intégré ? Encore faut-il savoir ce qu'est l'amour. Combien m'ont ri au nez quand je leur ai demandé s'ils avaient déjà aimé. Quand je le demande à mes clients, ils sont toujours surpris, puis comprennent le fond de ma question en cours de coaching. Peut-être que maintenant vous vous posez sincèrement la question. Aimer, c'est comprendre l'autre comme soi-même et apprécier tout de lui, comme vous appréciez tout de vous. C'est également être sur la même longueur d'onde afin de se comprendre presque sans se parler, être à l'écoute de lui et de soi, avec cette attirance physique qui vous donne toujours du plaisir à le toucher. L'amour grandit avec le couple, avec l'historique : plus vous vous connaissez, plus vous vous aimez.

Aimer, c'est être libre de choisir à qui vous serez fidèle. Pourquoi fidèle ? Parce que personne d'autre ne vous nourrit sur le plan intellectuel et physique autant que la personne que vous aurez choisie : elle éclipse toutes les autres. Deux personnes ayant le code AXB12 !

Pour moi, l'amour dans un couple – celui que je vis présentement et celui que vivent ceux qui sont heureux –, ce sont deux personnes équilibrées qui sont profondément engagées dans leur propre bien-être qu'elles partagent avec la personne qui les attire physiquement ainsi que pour leurs valeurs et leurs croyances. Deux êtres parfaitement conscients de la valeur d'une seconde de bonheur, qu'ils préservent chaque jour. Faut-il avoir terriblement souffert pour être incroyablement heureux ? Je pense effectivement que c'est inversement proportionnel.

Je me souviens d'une réplique de Josiane Balasko dans le film *Bancs publics* (que j'ai adoré !) : « Pour être très malheureux, il faut avoir été très heureux », répond-elle à son patron qui lui demande si elle souffre du décès de son mari. Quand vous avez traversé des tempêtes, comme c'est mon cas, vivant la souffrance vingt-quatre heures sur vingt-quatre, que vous êtes accroché aux débris de votre vie, dans un océan déchaîné, glacé jusqu'aux os et que vous ne savez même pas si la tempête va s'arrêter, vous êtes peut-être plus apte à apprécier un beau voilier, une mer calme et un soleil radieux, en plus de la paix intérieure.

Et le bonheur que vous atteignez par vous-même, cette fameuse paix intérieure qui fait votre qualité de célibataire, vous ne permettrez à personne de la menacer. Plus vous êtes heureux avec vous, moins vous laissez les névrosés vous approcher : l'expérience vous a démontré ce que ça fait !

PETIT RAPPEL : les six niveaux logiques représentent la meilleure stratégie à mes yeux pour conserver le bonheur que vous aurez gagné à la sueur de votre front. Si vous respectez les consignes de sécurité et si vous restez vigilant, surtout au niveau de votre environnement, vous vous inscrirez dans le bonheur sur une durée illimitée ! La vie n'est pas votre adversaire : elle veut vous voir gagner et vous donne des coups sur le nez quand vous vous éloignez de votre route. En revanche, quand vous êtes sur le bon chemin, vous êtes largement récompensé !

Vous pensez peut-être que tout ce que je vous ai expliqué dans ce livre est très compliqué et représente beaucoup d'informations qu'il faut intégrer. Rappelez-vous quand vous avez appris à conduire. Il fallait réfléchir à tant de choses à la fois que vous pensiez ne jamais y arriver ! Et aujourd'hui, vous conduisez sans y penser. Sachez que votre subconscient aura travaillé pour vous, prélevant ce dont il avait besoin pour changer certains de vos comportements. C'est bien plus facile que vous ne le croyez : soyez confiant. Une étape à la fois. Relisez les passages du livre dont vous aurez besoin, à l'usage.

▶ LES IRRITANTS DANS LE COUPLE

Vous voilà donc, roi avec votre reine, reine avec votre roi – ou roi avec votre roi ou reine avec votre reine –, prêts à construire votre vie de couple. Votre estime de soi et votre confiance en vous et en l'autre sont primordiales pour la pure et simple raison que vous avez chacun des « bagages » contenant de gros nuages, susceptibles de créer des tempêtes qui voileront votre beau ciel bleu. Je n'ai pas dit qu'il faut être parfaitement équilibré pour être en couple : encore une fois, entre 1 et 4, c'est gérable, mais vous allez comprendre pourquoi plus vous êtes bien avec vous-même, plus votre couple a de chances d'être harmonieux.

❖ *Les disputes*

Que contiennent ces bagages ? Vous avez chacun une boîte de Pandore qu'involontairement votre partenaire ouvrira. De même que vous ouvrirez la sienne. Elle contient toutes sortes de sujets de discorde. Vous avez intégré que la dispute ne favorise pas l'épanouissement d'un couple : elle l'égratigne. Bien sûr, il arrive que, fatigué ou agacé, vous soyez un peu rude dans votre façon d'exprimer votre opinion : je ne vous ai pas transformé en moine tibétain, détaché des émotions de ce bas monde ! Vous êtes humain ! Il peut arriver que vous défendiez passionnément vos positions, haussant le ton. Vous verrez, l'autre vous causera parfois de la peine : il suffira de le lui signaler. Une fois la poussière retombée, vous aurez la chance de présenter des excuses pour votre manière un peu raide de vous être exprimé. Mais attention aux insultes et au manque de respect : les mots peuvent frapper plus fort que vous l'imaginez.

Lors d'une émission de radio, une auditrice appelle pour dire qu'elle et son conjoint ne s'aiment pas. Pourtant, elle me confirme qu'ils s'entendent très bien, apprécient de faire l'amour, se respectent beaucoup. Perplexe, je lui demande ce qui lui fait croire qu'ils ne s'aiment pas et elle me répond : « On ne se dispute jamais. » J'ai bien vite rassuré cette charmante dame : ce sont ceux qui se disputent qui ne s'aiment pas !

Dans la même émission, une autre auditrice avoue qu'elle n'ose pas dire à ses amis que son mari et elle ne se disputent jamais : ils ont peur de passer pour des fous !

Au cours d'une dispute, ce sont les enfants intérieurs qui vous dominent. Vous n'êtes pas deux mais quatre dans la bagarre ! Soit votre enfant intérieur affronte celui de votre conjoint, soit votre côté adulte se heurte à l'enfant intérieur de l'autre, ou vice versa. Si les côtés adultes étaient aux commandes, il n'y aurait pas d'affrontement, mais plutôt une conversation dans laquelle chacun est à l'écoute de l'autre et les deux essaient de se rejoindre. Sinon, ce sont des luttes de pouvoir et de territoire, des combats d'ego (le besoin de reconnaissance).

❖ *La boîte de Pandore*

De vieilles blessures que vous croyez tous les deux oubliées ou dont vous n'aviez pas conscience sortent de la boîte de Pandore :

- l'histoire de vos familles respectives,
- vos mauvaises programmations,
- vos blessures,
- vos mésaventures.

a) *L'histoire de vos familles respectives*

L'histoire de votre famille peut avoir des répercussions sur vous et générer des peurs qui ne vous appartiennent pas mais que vous portez : elles peuvent faire interférence dans votre vie conjugale.

EXEMPLES

- Une femme ayant vu sa grand-mère trompée par son grand-père et sa mère trompée par son père pensait qu'elle ne pouvait y échapper, parce que « c'était de famille» : persuadée que son mari la tromperait aussi, elle adopta un comportement possessif et jaloux, détériorant ainsi l'harmonie du couple.

- Un homme dont le père et le grand-père étaient morts à la cinquantaine se persuada qu'il ne vivrait pas plus vieux. La peur de mourir modifia ses comportements vis-à-vis de sa conjointe, surtout à l'approche de cet âge fatidique : il devint agressif et insupportable !
- Une femme ayant vécu avec un père développant une compulsion à l'alcool paniquait et se fâchait dès qu'elle voyait son mari boire un verre de vin ou une bière : elle manifestait sa peur de vivre de nouveau l'enfer qu'elle avait vécu avec son père.

L'expression « c'est de famille » est à l'origine de bien des interférences qui polluent une vie de couple quand il s'agit d'un problème transmis de génération en génération. « Dans cette famille, toutes des hystériques ! » ou « Dans cette famille, tous des cavaleurs ! » Vous finissez par avoir peur de devenir une hystérique ou un cavaleur, ou de vivre avec l'un d'eux. Combien sont terrifiés de ressembler à leurs parents ? Le pire, c'est qu'ils finissent souvent par leur ressembler.

Dès qu'une peur issue de l'histoire de votre famille se manifeste, générée par vos comportements ou par ceux de votre conjoint, discutez-en immédiatement ensemble. C'est à deux qu'il faudra démonter le mécanisme du piège, ce qui vous rapprochera encore plus. Si vous n'y arrivez pas, demandez de l'aide, parce que ce problème va s'amplifier jusqu'au moment où l'autre ne pourra plus le supporter. Soyez vigilant : dès qu'un nuage se présente dans le ciel, il ne faut pas que le temps tourne à l'orage. Mieux vaut prévenir que guérir et le chasser immédiatement.

b) *Vos mauvaises programmations*

Vous avez chacun vos propres programmations. Vous êtes débarrassé des pires puisque vous voilà en couple avec votre roi/reine. Cependant, certaines petites persistent et peuvent être source de disputes. Souvenez-vous : pas de dispute chez les gens équilibrés. Seulement chez les adeptes de Tarzan. Parlez calmement, communiquez pour comprendre les comportements et les programmations qu'il faudra déprogrammer. Vous pouvez également grandir ensemble. Un couple, c'est toutes sortes de nouvelles situations que le célibat ne permettait pas. Vous êtes peut-être à 4 sur l'échelle de Richter de la dépendance affective, mais la vie de couple peut vous faire grandir et passer à 3, puis 2, puis 1. Puis 0, qui sait ?

EXEMPLES

- Un jeune marié, à ce point dorloté par sa mère qu'elle lui enlevait les arêtes de son poisson, attendit sagement devant son assiette le jour où sa jeune épouse lui servit une truite. À ce moment précis, sa femme le prit pour le « macho » qu'il n'était pas. Il avait juste été habitué à ça.
- Une femme refusait que son conjoint l'aide dans les tâches ménagères qu'il aurait aimé accomplir, parce que sa mère à elle lui avait toujours dit que la virilité d'un homme était remise en question s'il repassait ou cuisinait.
- Un homme refusait de faire l'amour avec sa femme enceinte, persuadé qu'il pouvait blesser le bébé, parce que c'était ainsi que sa propre mère échappait au devoir conjugal quand son père la sollicitait.

Sachez simplement que, quel que soit votre passé, vous pouvez déprogrammer toutes mauvaises programmations. Et ça ne prend pas dix ans ! Selon la détermination de chacun, j'ai vu des clients changer en deux jours, d'autres, en deux ans après un coaching intensif. Cela dépend de beaucoup de facteurs extérieurs, mais ne relève pas du tout de l'intensité de la souffrance que vous avez endurée. Les effets quant à votre compréhension des mécanismes qui vous ont fait déraper, eux, sont immédiats. Comprendre pourquoi vous agissiez ainsi et pourquoi vous ne pouviez faire autrement est un énorme soulagement. Implanter les nouveaux comportements n'est plus qu'une question d'entraînement. Ça prendra le temps que vous déciderez !

c) *Vos blessures*

Cinq blessures principales ont été répertoriées: le rejet, l'abandon, l'injustice, l'humiliation et la trahison. Très souvent, j'entends parler d'abandon et de rejet dans l'histoire de mes clients, auxquels s'ajoutent une ou toutes les autres blessures. Une seule suffit pour faire chavirer votre vie. Si vous ne réglez pas ces traumatismes, vous retournez dans vos chaussures d'enfant terrifié chaque fois qu'une situation ou qu'une personne vous rappelle vos parents, puis les bourreaux que vous avez croisés.

Vous allez réagir de façon démesurée, selon votre histoire, face à certaines situations et votre réaction peut déstabiliser votre partenaire. Il vient d'appuyer sur l'une de vos blessures, comme on saute sur une mine, et aura beaucoup de difficulté à comprendre votre attitude face à un événement anodin pour lui, dramatique pour vous.

EXEMPLES

- Le conjoint d'une de mes clientes lui dit, sur le ton de la plaisanterie, alors qu'elle essaie toutes sortes de chapeaux rigolos: « Tu as l'air débile avec ce chapeau sur la tête ! » Elle entre dans une rage folle et riposte violemment, l'accusant de l'insulter et de vouloir l'humilier devant tout le monde. Ça tourne au drame! En fait, ce que cet homme ne sait pas, c'est que le père de sa femme la traitait de débile à longueur de journée quand elle était enfant: «Toi, espèce de débile, tu n'arriveras à rien dans la vie, tu es trop bête!»

- Un homme qui n'était tombé que sur des femmes qui lui disaient *Je t'aime* très facilement, juste avant ou après l'avoir trompé, éprouvait beaucoup de difficultés à exprimer ses sentiments à sa reine. Pour lui, ces mots ne signifiaient plus rien, alors que c'était très important pour elle.
- Une femme paniquait dès que son mari avait un peu de retard le soir, car son conjoint précédent la trompait après son travail.
- Un homme se fâchait quand il sentait le malaise que sa femme éprouvait lorsqu'il venait avec elle à ses entraînements d'arts martiaux. Elle avait vécu avec un conjoint extrêmement jaloux qui la suivait partout. Quant à lui, sa précédente femme l'avait trompé avec son partenaire de cours de danses de salon.

d) *Vos mésaventures*

Il ne s'agit pas forcément de blessures, il peut s'agir de mésaventures que vous ne souhaitez pas voir se reproduire.

EXEMPLES

- Votre dernier conjoint a emprunté votre voiture et a eu un accident. Si votre nouveau partenaire vous demande le même service, vous risquez d'être réticent, faisant une mauvaise association: voiture/conjoint/accident. La situation vous rappelle un événement malheureux et vous avez peur qu'il se reproduise, alors que vous n'avez pas affaire à la même personne.

- Vous aviez laissé vos clés d'appartement à une personne que vous fréquentiez et quand vous lui avez dit que c'était terminé, elle en a profité pour venir fouiller dans vos affaires pendant que vous étiez au bureau. Vous éprouverez quelques difficultés à redonner vos clés.
- Vous avez laissé beaucoup d'argent dans la relation précédente, payant pour tout, car l'autre était endetté. Vous serez à vif sur la question financière avec le suivant.

Il se peut aussi que vous piétiniez les valeurs de quelqu'un sans le vouloir; mais dès que l'autre vous explique en quoi ce que vous avez fait l'a dérangé, il ne vous reste qu'à présenter vos excuses, au lieu de lui rentrer dedans.

EXEMPLES

- Votre nouvelle conquête vous invite à dîner chez elle et vous fait un excellent repas. Par courtoisie, vous souhaitez l'aider à débarrasser et à faire la vaisselle, mais elle se fâche: dans son monde à elle, l'invité reste assis et se laisse gâter.
- Vous faites livrer des fleurs à son bureau pour la remercier d'une excellente soirée et elle vous appelle furieuse: votre bouquet a attiré l'attention de tout le bureau et provoqué une série de questions auxquelles elle ne voulait pas répondre.
- Vous faites un cadeau spontanément à votre nouveau partenaire et il le prend mal, ayant l'impression que vous essayez de l'acheter.

Comprenez-vous qu'il faut communiquer plutôt que s'affronter ? Et quand vous vous sentez attaqué, si vous n'avez pas la confiance de demander à l'autre pourquoi il a dit ou fait ce qui vous dérangeait, ça finit en bataille rangée !

Les blessures que vous croyez refermées sont parfois les plus rapides à se rouvrir. Faites confiance à votre compagnon et exprimez clairement vos craintes et vos doutes : il le prendra bien. Il vaut mieux prévenir que guérir. Parlez. Exprimez-vous calmement, dites ce que vous n'aimez pas : sinon, vous allez accumuler de la rancune et de la frustration qu'un jour vous « cracherez » brutalement, à la grande surprise de votre nouvelle relation, qui pensait que tout allait bien.

Ou encore vous risquez d'accuser et de condamner l'autre pour une chose qu'il n'aura pas faite, parce que les précédents vous auront berné. Par exemple : votre précédente relation n'avait jamais d'argent sur elle et vous demandait toujours de payer, vous promettant de vous rembourser, ce qu'elle n'a jamais fait. Si la situation se reproduit avec votre nouvelle conquête, accidentellement dans son cas, vous risquez de lui faire une réflexion ironique du style *Ce coup-là, on me l'a déjà fait !*, induisant que la personne ne vous remboursera jamais : vous avez toutes les chances de vous faire planter là, parce que l'autre sera vexé !

RAPPELEZ-VOUS : tant va la cruche à l'eau qu'à la fin elle se brise. À force d'être injuste, soupçonneux, méfiant ou encore colérique avec un conjoint, vous finissez par détruire la confiance, puis l'harmonie. Gardez présent à l'esprit que votre partenaire de vie est innocent jusqu'à preuve du contraire. J'en ai vu juger trop rapidement et vexer sévèrement celui qui était innocent. Ces situations produisent des malentendus dont vous sortez vainqueur quand votre amour repose sur la confiance, l'honnêteté et le respect.

❖ *Les ex et les parents*

C'est également un point important que de protéger votre nouveau conjoint des attaques des ex ou de vos parents, quand ils sont toxiques et même juste négatifs. C'est à vous de remettre chaque personne à sa place et de gérer la circulation entre toutes ces personnes, dont votre nouveau partenaire n'a pas à subir les assauts. Si vous êtes le nouveau partenaire et que votre conjoint s'aplatit devant l'ex et/ou ses parents, vous laissant en pâture à tous ces névrosés… fuyez !

Généralement, rencontrer les parents, les enfants, l'ex (le parent des enfants) et les amis de votre nouvelle conquête vous donnera une multitude d'informations : observez comment ils vous accueillent et, surtout, comment ils se comportent avec vous. Vous ne serez pas bienvenu dans une famille de névrosés toxiques ; c'est à vous de valider si votre prospect souhaite y déjeuner tous les dimanches ou s'il vous dit : « Voilà, tu les as rencontrés, maintenant tu ne les verras que très peu. » Vous pouvez tomber sur quelqu'un qui a réglé la dépendance affective mais qui fréquente ses parents à dose homéopathique, ou plus du tout quand ils sont toxiques. Mais comme vous aurez travaillé sur vous, il n'est pas question que vous supportiez des personnes déplaisantes à votre égard. Les belles-familles peuvent être également constituées de pions, fous, tours et cavaliers ! Soit la nouvelle personne rencontrée vous en protège, soit vous réalisez que vous aurez des problèmes et des disputes à cause d'eux. À vous de voir.

Combien de femmes et d'hommes reçoivent chez eux, à l'occasion de Noël ou d'autres fêtes, des personnes qu'ils n'aiment pas mais qui font partie de la famille ou de la belle-famille ? Pourquoi vous infligez-vous cela ? Par morale judéo-chrétienne ? Vous en avez le droit.

▶ Ayez 100 % confiance en votre roi/reine

C'est un 100 % confiance en l'autre qu'il faut atteindre, car il n'y a pas de demi-mesure : encore une fois, c'est 0 % ou 100 %. Je vous rappelle que votre roi/reine partage votre vie, votre lit, vos comptes bancaires, l'éducation de vos enfants (que ce soit les siens ou non). C'est fou d'avoir des relations sexuelles, la situation la plus intime qui soit, avec quelqu'un en qui on n'a pas 100 % confiance, non ? Ne rougissez pas, je l'ai fait plus souvent qu'à mon tour. Mais je ne le ferai plus ! Autre exemple : vous n'avez pas confiance en l'autre quand il conduit, à tort ou à raison, et pourtant vous acceptez de monter dans sa voiture au péril de votre vie, lui faisant une multitude de réflexions ! Ça vous fait rire parce que c'est souvent un sujet de dispute avec votre conjoint, n'est-ce pas ?

Pouvez-vous aimer une personne en laquelle vous n'avez pas confiance sur un ou plusieurs sujets ? Ne devriez-vous pas pouvoir remettre votre vie entre les mains de votre conjoint sans vous poser de questions ? Combien en sont capables ?

▶ Sexe : soyez au diapason – même fréquence, mêmes vibrations !

L'argent, l'éducation, les croyances et les valeurs sont des sujets que vous aurez abordés, voire testés, avant d'habiter ensemble. Le sexe aussi est prioritaire et même si vous êtes passé par une période d'essai, en « consommant » la relation avant d'habiter ensemble, il faut valider certains points. Dites clairement ce que vous aimez, ce que vous n'aimez pas et peut-être vos blocages dans ce domaine. Vous serez surpris de constater que, lorsque vous êtes en présence d'une personne en laquelle vous avez confiance et que vous aimez, un autre univers peut s'ouvrir à vous : le plaisir de faire l'amour, d'en donner et d'en recevoir ! Si, jusque-là, vous n'avez connu que des pions, des fous, des tours et des cavaliers, songez que vous n'avez jamais eu de relations avec une personne que vous aimiez: vous étiez attaché. Aujourd'hui, avec votre roi/reine, les paramètres ont changé. Mon conseil est d'aborder le sujet du sexe sans retenue. Allez-y franchement! Pas dans les premiers instants de la rencontre, mais quand vous vous sentez suffisamment en confiance. Alors, pas de cachotteries, jouez franc-jeu, sinon vous allez vous enfermer dans vos mensonges et votre frustration.

Vous pensez, madame, que vous êtes «clitoridienne» ou «vaginale», ou ni l'une ni l'autre, et vous n'osez pas le lui avouer. Eh bien, évoquez la question avec l'homme de votre vie et faites-lui totalement confiance: je vous prédis une très belle surprise! Les blocages sont dans la tête, pas dans le corps. Il saura trouver le chemin qui mène à votre plaisir, en passant par le sien!

De même, monsieur, si vous avez des souhaits particuliers à formuler, auxquels les autres partenaires n'ont jamais accédé, il est temps d'en parler librement. Vous irez peut-être vers de nouveaux rivages. Et cessez de penser que vous avez des problèmes érectiles: si vous êtes en confiance, aimant et désirant la femme qui est en face de vous et que vous aurez pris le temps de l'apprécier dans toute sa splendeur, je vous promets aussi de belles surprises!

D'ailleurs, je vous souhaite d'avoir conservé des territoires inexplorés que vous vous offrirez réciproquement. Des endroits tenus secrets que vous n'avez jamais révélés et qui seront autant de cadeaux pour votre nouveau partenaire, sorte de virginité que vous n'avez jamais accordée. Comme je vous l'ai déjà dit, en dépendance affective, on se prête souvent mais on ne se donne jamais. C'est le moment!

Je ne compte plus les clientes qui m'ont avoué n'avoir jamais connu d'orgasme, avoir toujours simulé (je l'ai fait aussi !) : je leur ai promis le paradis quand elles seraient avec leur roi. Et devinez quoi ? Un beau jour, elles arrivent dans mon bureau, radieuses. Elles ont rencontré le meilleur des hommes pour elles et m'annoncent : « Ça y est, j'ai joui ! » Eh oui !

Je vous rappelle au passage que, si vous avez envie de l'autre, au lieu de le lui demander, donnez-lui envie aussi. C'est un jeu de séduction (seule situation dans laquelle la séduction est permise !) dans le couple : attiser le désir de l'autre pour nourrir le vôtre. Surprenez votre partenaire, entretenez le désir, sinon vous partez droit vers la colocation et les relations pantoufles ! Dans un couple amoureux, le sexe est source de complicité et de plaisir : quand il n'existe plus ou peu, la dynamique change. Celui qui est repoussé se sent rejeté et perd sa confiance et son estime de soi tout doucement. Si votre partenaire ne répond plus à vos sollicitations, est-ce parce que vous n'êtes plus désirable ou parce qu'il n'a plus de libido ? Dans un cas comme dans l'autre, il faudra en parler franchement.

Quand un couple est sexuellement actif et épanoui, vous pouvez remarquer les gestes, les regards furtifs complices, la douceur quand ils se parlent, se touchent, s'effleurent, se font des signes dans un langage qu'ils ont inventé. Se rejoindre dans le sexe est important : si vous êtes décalé, la communication le sera aussi et vous vous éloignerez...

Cependant, ceux qui n'ont pas une grande libido, par nature ou à cause de médicaments, devront choisir une personne qui n'en a pas beaucoup non plus. Je reçois de nombreux messages, par Internet, me racontant que tout va bien dans le couple, sauf sexuellement : ils ne sont plus au diapason. Parfois, vous êtes faits pour être amis et non amants et le sexe s'est essoufflé... Êtes-vous sur la même longueur d'onde sexuellement ? C'est une question qu'il faut valider avant d'avoir des enfants : plus moyen après de faire machine arrière.

Et soyez franc avec vous-même: êtes-vous capable de rester toute votre vie dans la frustration sexuelle?

Un homme m'envoya un jour un message avec cette question: «Pourquoi, quand mon épouse est devenue mère, ai-je perdu ma maîtresse?» Je répondis qu'il arrivait qu'une femme aime le sexe jusqu'au jour où, devenue maman, cet aspect de sa vie perde de l'importance. Ce n'est pas uniquement à cause de la fatigue ou du stress: c'est comme si elle était programmée, inconsciemment, pour ne voir la sexualité que comme un moyen d'enfanter. Une fois que c'est chose faite, sa libido diminue très nettement. Une femme peut, sans en avoir vraiment conscience, choisir un partenaire qui sera à ses yeux un bon père, pas forcément le bon conjoint.

Or, quand vous choisissez un roi/une reine, vous voulez un «2 en 1»: le bon conjoint pour vous et un bon père/une bonne mère pour vos enfants. Devez-vous pour autant mettre un terme à la relation parce que vous n'êtes pas satisfait au lit? Vous seul avez la réponse, car vous êtes maître de votre destin. La seule chose que je peux vous dire, c'est qu'il vous faudra abandonner l'idée d'avoir des relations sexuelles épanouies avec votre partenaire actuel. Projetez-vous dans le futur: si vous êtes prêt à vivre sans sexe, à résister à la tentation quand une personne sensuelle, promesse d'un plaisir inassouvi, vous passera sous le nez, alors vous prendrez la décision de rester dans cette situation. Et vous en avez le droit, c'est votre vie, votre choix. Maintenant, si le sexe est important pour vous, la frustration ira en grandissant et vous ne résisterez pas à l'appel sexuel d'une tierce personne.

Quand l'un des deux est frustré sexuellement, c'est souvent la porte ouverte à un troisième larron... En coaching de couple, quand l'un a trompé l'autre, je découvre souvent que celui ou celle qui s'est «nourri» ailleurs ne l'était pas à la maison, et ce, depuis un certain temps. Faire l'amour avec votre partenaire, c'est également lui montrer que vous le trouvez beau et désirable. Repousser l'autre, c'est lui faire perdre sa confiance et son estime de soi, qu'il ira satisfaire ailleurs, en même temps que sa libido. C'est souvent la perte de l'intérêt sexuel qui fait déraper un couple, à moins que les deux partagent ce désintérêt.

▶ VIE PRIVÉE CHEZ LES ROIS ET REINES *VERSUS* VIE PRIVÉE CHEZ LES PIONS, FOUS, TOURS ET CAVALIERS

Afin que vous fassiez bien la différence entre une vie de couple équilibrée et une vie de couple déséquilibrée, voici ce qui se passe dans l'intimité des deux côtés :

❖ *Zone de confort versus SCC*

Chez les adeptes de Tarzan, ce qui relèvera du sacrifice, du compromis ou de la concession – en d'autres mots *soumission* – revient à trouver une zone de confort pour ceux qui s'aiment : une relation gagnant/gagnant où personne ne cède et où chacun trouve la motivation de faire plaisir à l'autre et non l'obligation.

EXEMPLES

a) Zone de confort : vie privée chez les rois et reines (ils discutent pour trouver la solution la plus pertinente)

— Chérie, ça te dirait d'aller au karaoké ce soir ? (*Il propose.*)

— J'aurais préféré aller au cinéma. (*Elle donne son avis.*)

— J'avais vraiment envie d'aller chanter, ce soir. (*Il insiste.*)

— Je sais, mais c'est le dernier soir qu'ils passent le film que je veux voir. (*Elle argumente.*)

— OK, si on allait au cinéma ce soir et demain soir au karaoké ? (*Il propose une solution qui fait plaisir aux deux.*)

— Parfait ! (*Elle accepte avec plaisir.*)

b) SCC : vie privée chez les pions, fous, tours et cavaliers

— On va au karaoké ce soir ! (*C'est un ordre !*)

— Tu sais que je déteste le karaoké, on va toujours au karaoké ! Pour une fois, on pourrait aller au cinéma.

— ...

— Bon, OK, on va au karaoké. (*Elle se « sacrifie », comme d'habitude.*)

❖ ***Respect de soi versus soumission***

Se soumettre, se dédier totalement à son conjoint jusqu'à s'oublier traduit typiquement le syndrome de Tarzan : c'est la relation « donner **ou** recevoir ». Alors que se respecter dans la relation afin de mieux respecter l'autre conduit à la relation de réciprocité « donner **et** recevoir ».

EXEMPLES

a) Respect de soi : vie privée chez les rois et reines

— Chérie, j'ai vraiment envie d'aller au karaoké ce soir. (*Il exprime son choix.*)

— Je préfère aller au cinéma, c'est le dernier jour, demain ils changent la programmation. (*Elle exprime son choix.*) Tu n'as qu'à aller au karaoké, je vais au cinéma et je te rejoins après. (*Elle se respecte et propose une solution qui le respecte : solution gagnant/gagnant.*)

— Ça marche ! (*Les deux auront la soirée qui leur fait plaisir et se retrouveront.*)

b) Soumission : vie privée chez les pions, fous, tours et cavaliers

— On va au karaoké ! (*C'est un ordre !)*

— ... (*Pas de commentaire, mais frustration !*)

❖ ***Respect de l'autre versus domination***

Dominer par peur d'être dominé : c'est un discours de névrosé. Dans le respect de l'autre, aucune domination n'est possible, car il n'est pas question de l'« asservir ». Bien au contraire : la relation s'instaure sur un pied d'égalité. Alors que chez les adeptes de Tarzan vous entendrez qu'il y en a toujours un qui domine l'autre, et c'est vrai ! Je sais que certains ont dit, et même écrit, qu'ils ne croient pas à l'égalité dans un couple. Peut-être est-ce une question de vocabulaire qui nous divise... Voici une définition du dictionnaire : « Égal(e) : semblable en nature, en quantité, en qualité, en valeur. » À part chez les adeptes de Tarzan, pourquoi deux personnes ne seraient-elles pas égales « en nature, en quantité, en qualité et en valeur » ? Je vous l'ai dit : les couples heureux se forment sur les mêmes valeurs, mêmes croyances, mêmes qualités et sont, en plus, complémentaires sur certains aspects. Alors expliquez-moi pourquoi l'un devrait obligatoirement dominer l'autre ? Dans quel but précis ? Pour nourrir quels desseins, si ce n'est nourrir les névroses de l'un et de l'autre ? L'un ne règne pas sur l'autre : chacun règne sur sa propre vie !

EXEMPLE

a) Respect de l'autre : vie privée chez les rois et reines

— Des collègues organisent une sortie escalade et ils convient les conjoints, ça pourrait être sympa. Qu'en dis-tu ?

— J'aurais bien aimé faire cette activité avec toi, mais tu as oublié que j'ai le vertige.

— Ah oui, c'est vrai ! Excuse-moi. Bon, nous ferons la prochaine activité.

b) Domination : vie privée chez les pions, fous, tours et cavaliers

— Ce week-end, mes collègues ont organisé une sortie avec les conjoints et nous allons faire de l'escalade.

— Je ne peux pas, j'ai le vertige...

— Tu ne vas pas commencer ! Tous les conjoints seront là, alors tu viens aussi !

— Mais j'ai peur...

— Tu fermeras les yeux : tu ne vas pas nous gâcher le week-end avec tes gamineries !

❖ *Amour versus lutte de pouvoir*

L'amour n'exprime pas la capacité à avoir une autorité sur l'autre, il exprime *Je t'aime et tu m'aimes*, un beau résumé chez les personnes équilibrées. Chez les adeptes de Tarzan, vous entendrez *Tu m'aimes trop* ou *Tu ne m'aimes pas assez.* Parce que, chez eux, il y a une échelle pour l'attachement. Remarquez que, si vous ajoutez n'importe quel mot après le verbe « aimer », vous lui enlevez toute sa puissance. Par exemple : *Je t'aime bien* et *Je t'aime beaucoup*, ces deux expressions étant couramment suivies d'un « mais » qui présage mal de votre avenir ! Cette lutte incessante pour savoir qui aime le plus l'autre, pour savoir qui aura le plus de pouvoir sur l'autre ne relève pas de l'équilibre. D'ailleurs, quand une femme dit : « Tu ne m'aimes pas assez », elle signale à son conjoint qu'il a tout pouvoir sur elle ; il en fera ce qu'il veut, car elle est prête à tout pour augmenter son « allocation affection » ! Quant à l'homme qui annonce : « Tu m'aimes trop », il exprime son indifférence, son agacement, ce qui pousse automatiquement son épouse à continuer à donner pour obtenir l'attention qu'elle n'aura jamais. Je vous signale au passage que le Trou noir affectif dit: «Tu m'aimes trop» (comprendre: *Tu m'étouffes*) et le Desperado: «Tu ne m'aimes pas assez» (comprendre: *Tu ne me rassures pas assez*; et rien ne pourra le rassurer assez).

EXEMPLES

a) Amour: vie privée chez les rois et les reines

— Qu'est-ce que tu dirais de faire un voyage en Grèce, en amoureux?

— Penses-tu que nous avons le budget pour ça?

— Je vais recevoir une prime annuelle à mon travail, on pourrait l'utiliser.

— Tu as raison, faisons-nous plaisir!

b) Lutte de pouvoir: vie privée chez les pions, fous, tours et cavaliers

— J'ai envie de faire un voyage en Grèce.

— Mais nous n'avons pas l'argent pour ça!

— Si tu m'aimais, tu me l'offrirais.

— Je t'ai emmenée en Espagne l'année dernière et tu as fait la tête pendant tout le voyage.

— Parce que ce n'était que des hôtels deux étoiles. Moi, je préfère les hôtels cinq étoiles. Quand un homme aime sa femme, il la gâte!

— Même s'il n'a pas d'argent?

— Il le trouve! Tu crois que je ne vaux pas un voyage en première classe? J'aurais dû épouser le fils du boucher, il en avait, de l'argent, lui!

— Bon, d'accord, combien il coûte ton voyage? Je vais encore emprunter à la banque.

❖ *Plaisir versus lutte de territoires*

Le plaisir, chez les adeptes de Tarzan, prend des allures de monnaie d'échange, de chantage, de bras de fer. Et ne vous y trompez pas : je ne parle pas uniquement de sexe. L'objectif du dominateur est de priver l'autre de tout ce qui lui procure du plaisir, pour l'asservir. Il peut ensuite distribuer le plaisir à volonté, comme une récompense, quand l'autre se soumet. Le dominateur gagne du terrain en faisant danser l'autre comme un petit chien qui attend son sucre, faisant le beau. Vous remarquerez que, chez les gens équilibrés, le plaisir va crescendo : c'est à celui qui fera le plus plaisir à l'autre, et ce, parce que chacun ressent beaucoup de plaisir à faire plaisir à l'autre ! Il n'y a jamais de chantage, il y a une surenchère ! Songez à ce qui peut se passer le jour où vous tomberez sur un roi ou une reine aussi généreux que vous. Vous vivrez dans le plaisir de donner et de recevoir.

EXEMPLES

a) Plaisir : vie privée chez les rois et les reines

— C'est vraiment bon, ce que tu m'as mijoté.

— J'y ai passé toute la journée, j'avais envie de te faire plaisir.

— C'est réussi ! C'est un véritable festin.

— Et je voulais te remercier pour la surprise que tu m'as faite hier.

b) Lutte de territoires : vie privée chez les pions, fous, tours et cavaliers

— C'est dégoûtant, cette bouffe ! Tu n'es pas capable de faire quelque chose de mangeable ?

— Pourquoi je me décarcasserais pour un type qui critique tout ce que je fais ?

— Ah, c'est sûr que les efforts, c'est pas ta spécialité !

— Parce que c'est la tienne ? Pauvre crétin !

— Grosse truie !

❖ *Relation gagnant/gagnant versus relation gagnant/perdant*

Dans une belle relation harmonieuse, les deux sortent toujours vainqueurs et heureux quel que soit le sujet ou le différend qui les aura opposés. Tous deux dans leur zone de confort, éliminant toute frustration et donc toute sensation d'avoir perdu quelque chose, ils goûtent en permanence la joie d'avancer à deux. Je vous vois déjà me dire que je suis une idéaliste. J'ai l'habitude ! Dites-moi donc pourquoi deux êtres ne pourraient accorder leurs violons même s'ils ne jouent pas la même partition ? Pourquoi n'auraient-ils pas des avis opposés sur un sujet tout en respectant ce que l'autre pense ? En résumé, dites-moi pourquoi les couples heureux n'existeraient pas, alors que je peux vous en présenter ?

EXEMPLES

a) Relation gagnant/gagnant : vie privée chez les rois et les reines

— Et si on s'achetait une maison ?

— Il faudrait voir avec le banquier. Ça me fait un peu peur comme engagement financier.

— On ne peut pas faire d'erreur en investissant dans l'immobilier : une maison, si tu ne peux plus la payer, tu peux la vendre ou la louer.

— C'est vrai. À bien y réfléchir, pourquoi pas ?

b) Relation gagnant/perdant: vie privée chez les pions, fous, tours et cavaliers

— On va acheter une maison.

— Avec quel argent? Tu es au chômage.

— Tu vas l'acheter et quand j'aurai un travail, je t'aiderai à la payer.

— Et si tu me laisses tomber, je me retrouve avec la maison sur le dos.

— Tu n'as pas confiance en moi, c'est ça? Tu crois que je ne suis qu'un bon à rien qui vit juste à tes dépends et tu essaies de m'enfoncer dès que je te propose un projet.

— Bon, bon, d'accord, on va l'acheter!

EN RÉSUMÉ

COUPLE ÉQUILIBRÉ	*versus*	**COUPLE DÉSÉQUILIBRÉ**
Zone de confort	*versus*	Sacrifices, compromis, concessions
Respect de soi	*versus*	Soumission
Respect de l'autre	*versus*	Domination
Amour	*versus*	Lutte de pouvoir
Plaisir	*versus*	Lutte de territoires
Relation gagnant/ gagnant	*versus*	Relation gagnant/ perdant

Avez-vous maintenant une vision plus claire de ce que vous souhaitez vivre en couple?

▶ Un couple, c'est mathématique !

Si un couple heureux, c'est très romantique, c'est également mathématique :

1 + 1 = 2

Ou, en d'autres termes :

1 personne heureuse et équilibrée +
1 personne heureuse et équilibrée =
2 personnes heureuses et équilibrées
(un couple heureux !)

Du côté des pions, fous, tours et cavaliers, les calculs se compliquent :

1 + 1 = 1

Ou, en d'autres termes :

1 Trou noir affectif + 1 Desperado =
1 Desperado qui se perd dans le Trou noir affectif

Si une personne + une autre personne = une seule personne, vous m'accorderez que nous en avons perdu une en route ! C'est la fameuse fusion : le Desperado ne vit que pour l'autre, jusqu'à lui ressembler en tous points, incapable d'avoir sa propre identité.

Il faut garder à l'esprit ce qui suit : une personne positive en couple avec une personne négative = 0.

1 – 1 = 0

En d'autres termes :

1 Trou noir affectif – 1 Desperado =
0 puisque ce sont 2 personnes
qui se détruisent l'une l'autre

Partir de deux personnes pour n'arriver à rien relève soit de la prestidigitation, soit de la capacité à se détruire réciproquement.

Le négatif l'emporte toujours sur le positif. Si vous êtes optimiste et que vous vous acoquinez avec une personne négative, vous finirez par y perdre votre moral, votre bonne humeur et votre enthousiasme : l'autre aura raison de votre gaieté et vous deviendrez aussi sinistre que lui. Et vous entendrez de la part de votre entourage : « Je ne te reconnais plus, tu étais si gai(e) avant... »

Gardez bien présent à l'esprit que **l'abondance est un avantage collatéral du bonheur d'être soi :** étant heureux, vous attirez le bonheur et donc une autre personne heureuse, dans votre vie privée comme dans les autres sphères : sociale et professionnelle.

▶ QUAND VOTRE ENTOURAGE N'APPRÉCIE PAS VOTRE CONQUÊTE ET VICE VERSA

Quand votre nouvelle conquête n'aime pas vos amis, ni vos enfants, ni votre famille, qu'elle fait des crises de jalousie vis-à-vis de la mère ou du père de vos petits, vous devriez vous poser des questions, n'est-ce pas, au lieu d'embarquer ? Et réciproquement, quand personne de votre entourage ne semble apprécier la personne qui partage votre vie...

Soyons logiques : si vous êtes sur la même longueur d'onde que vos proches et vos amis et que vous introduisez une nouvelle personne qui est chère à votre cœur, normalement, tout votre entourage devrait l'adorer ! Qui se ressemble s'assemble. Si ça n'accroche pas, c'est que votre prospect n'est pas sur la même longueur d'onde qu'eux – donc que vous –; ils voient, eux, ce que vous refusez de voir ! Si vous souffrez de dépendance émotive, vous allez vous accrocher à une personne qui nourrira votre névrose, mais qui ne dupera pas votre famille ni vos amis. Souvent, ils vont oser manifester leur mauvais pressentiment à l'égard de cette personne seulement après que vous l'aurez quittée ou si vous demandez leur avis. Si vous êtes tombé sur un Trou noir affectif, il vous coupera de tout votre entourage, fera du sabotage pour vous isoler, et vous forcera à choisir entre lui et vos proches – et devinez qui vous choisirez ?

L'ADMIRATION DANS UN COUPLE : VOTRE CONJOINT EST VOTRE REFLET

Autre point primordial : il est important d'admirer son partenaire de vie. Qu'est-ce que l'admiration ? « Sentiment, émotion éprouvés à propos de ce que l'on juge beau, grand ou noble. » Cette admiration doit être réciproque. Combien de personnes critiquent leur conjoint, dans leur dos ou ouvertement, puis s'allongent dans le même lit ? Combien s'insultent puis ont des relations sexuelles l'instant d'après ? N'y a-t-il pas là quelque chose qui vous choque ? Admirer son conjoint est une condition *sine qua non*, au même titre que le respecter et lui faire confiance. Rappelez-vous qu'un conjoint est le reflet de vous-même : si vous êtes fier de lui, vous êtes donc fier qu'il vous ait choisi et forcément fier de vous. Votre roi doit être fier d'être à votre bras et votre reine doit être honorée d'être à vos côtés.

Dans un couple uni, il y a de l'amour (pas de souffrance !), aucun mot plus haut que l'autre (pas de disputes !), si quelque chose ne va pas, on en discute (pas de critiques !), on fait l'amour (on ne se sacrifie pas au devoir conjugal !), on se respecte (on ne domine pas l'autre !), on s'admire (on ne se méprise pas !), on se comprend (on ne se bat pas !), chacun réalise le bonheur d'être avec l'autre (on ne se déchire pas !).

L'AMOUR N'EST PAS UN PERMIS DE CONDUIRE À POINTS !

Comment pouvez-vous croire que l'amour dans un couple, c'est comme le permis de conduire à points : plus la relation avance, plus votre partenaire perd des points, et quand il n'a plus de points du tout, vous laissez ce chauffard continuer à vous écraser ! Plus vos enfants grandissent, plus vous les aimez, plus vous connaissez vos amis, plus vous les aimez, alors pourquoi serait-ce différent concernant le conjoint ? Plus vous connaissez votre roi/reine, plus votre histoire grandit et plus s'installent la complicité, la confiance et l'amour : les points se multiplient !

THÉRAPIE DE COUPLE : IL FAUT « RÉPARER » LES PILOTES, PAS L'AVION !

Quand vous constatez que vous vivez avec un chauffard qui vous écrase, votre réflexe est souvent d'appeler un arbitre à la rescousse, pour compter les points : vous courez en thérapie de couple !

Telle qu'elle est pratiquée le plus souvent, la thérapie de couple me laisse perplexe : le psychothérapeute essaie de réparer l'avion (le couple), alors qu'il faudrait plutôt former les deux pilotes à voler de leurs propres ailes, non ? Lorsque des couples viennent vers moi, ils s'attendent à ce que j'arbitre leurs différends et compte les coups ; au lieu de cela, je travaille à l'autonomie de chacun, individuellement, afin qu'ils reprennent le contrôle de leur vie et décident s'ils souhaitent réembarquer dans le même avion. Avec moi, une thérapie de couple, ça passe ou ça casse ! Et comme la névrose a souvent embarqué avec eux (ils avaient Tarzan comme passager clandestin !), neuf fois sur dix, ils repartent chacun de son côté, en toute sérénité et… grandis, prêts à rencontrer leur roi ou reine !

Le bonheur à deux : il faut en prendre soin !

Le bonheur à deux s'entretient. Vous êtes heureux d'avoir rencontré le roi/la reine de votre vie, mais ce n'est pas le moment de vous endormir sur vos lauriers : soyez attentionné l'un envers l'autre, continuez à vous connaître. Observez-vous aussi, car c'est probablement tout nouveau pour vous d'être avec une personne qui vous correspond et avec laquelle vous êtes heureux. Vous remarquerez que tout est facile, c'est autant un signe de bonheur que le fait que ce soit compliqué est un signe de névrose !

Surprenez votre partenaire par des petites attentions qui sortiront de l'ordinaire, des surprises, des innovations. Bien sûr, vous allez me dire que la vie de parents a tendance à vous éloigner l'un de l'autre, mais il n'en tient qu'à vous de vous rapprocher. Vous avez bien quelqu'un dans votre entourage qui s'occupera de vos petites têtes blondes le temps d'une soirée ou d'un week-end en amoureux. Prisonnier du train-train quotidien, vous refusez parfois de décoder les signaux que l'autre vous envoie : soyez vigilant et attentif l'un à l'autre, même pris dans le tourbillon de la vie !

La différence entre aptitudes et valeurs

Vous allez me dire, selon une vieille croyance, qu'il ne faut pas que votre roi/reine soit identique à vous, au risque d'être ennuyeux. Je vous répondrai qu'il est très important d'être identique au niveau des croyances, des valeurs et de bien d'autres sujets sur lesquels je ne reviendrai pas, mais qu'il ne faut pas confondre valeurs et aptitudes. Si vous avez les mêmes valeurs (confiance, respect, loyauté, honnêteté), vous avez certainement des talents ou aptitudes complémentaires : l'un est bon en bricolage et l'autre, en décoration; l'un est bon en finances et l'autre, en organisation.... Vous aurez également des avis opposés sur certains sujets ou des goûts différents, qu'il s'agisse de peinture (l'un préférant Renoir et l'autre, Dalí), de musique, de sport ou de l'actualité, ce qui ouvrira un bon nombre de discussions... et non de disputes.

▶ Faites place au plaisir !

Le plaisir tient une part importante dans la vie de l'être humain : une vie sans plaisir est une vie de peine et de misère. Certains iront le chercher dans des paradis artificiels, tomberont dans des compulsions, seront esclaves de ce qui deviendra un besoin.

Être en couple doit être un plaisir. Dès que vous tombez dans le besoin, vous tombez dans la soumission. Avoir du plaisir ensemble, en toutes circonstances, est le secret d'un couple heureux et équilibré. C'est pourquoi désirer votre partenaire est essentiel et contribue au plaisir sexuel, mais il est également tellement plaisant de vous entendre aussi sur le plan intellectuel, spirituel et humoristique! Les rois et les reines ont du plaisir dans toutes sortes d'activités, même chacun dans un fauteuil, avec un bon bouquin.

Rois et reines continuent à travailler sur eux-mêmes, ce qui fait aussi grandir leur couple. Rappelez-vous que les affrontements sont dus aux blessures du passé : si vous vous disputez violemment, c'est que vous êtes prisonnier du même piège, dont vous ne réussissez pas à sortir.

☆

Lorsqu'un journaliste ou un animateur de télévision ou de radio me demandait, autrefois, si je ne trouvais pas le temps long, après dix ans de célibat, je répondais simplement :

« Chaque seconde qui passe me rapproche de mon roi et chaque jour je travaille sur moi, donc sur notre futur couple. Et lui aussi, de son côté, se prépare à me rencontrer. »

Aujourd'hui, ayant neutralisé chacun pour soi l'histoire de nos familles respectives, réglé nos blessures et nos mauvaises programmations, nous n'avons plus qu'à baigner dans la sérénité que nous partageons.

X

Histoires d'amour ou de névroses?

☆

Exercices pratiques

QUE DIRIEZ-VOUS DE TESTER VOS NOUVELLES CONNAISSANCES ?

J'ai commencé à écrire ce livre il y a plus de six ans, et à l'époque j'avais recueilli six témoignages de rencontres. Chaque personne qui me racontait son histoire pensait, au moment où elle me la confiait, qu'elle avait trouvé l'homme ou la femme de sa vie.

Au fil du temps, certains couples se seront consolidés et d'autres auront explosé. Je vais vous livrer chaque histoire, telle qu'elle a été écrite par chaque personne, et vous évaluerez si ce couple était viable ou non, en vous fondant sur les informations que vous avez intégrées à la lecture de ce livre.

Prêt ?

L'histoire d'Amandine

À la suite de bien des expériences amoureuses malheureuses, j'étais arrivée à la conclusion que le prochain homme à entrer dans ma vie partagerait certains de mes intérêts, mais surtout mes croyances et mes valeurs chrétiennes. En effet, j'avais enfin compris que je ne devais plus faire de compromis sur ce qui était essentiel pour moi. Comme Pascale Piquet me l'avait appris en coaching, si la personne m'aimait vraiment, elle m'aimerait telle que je suis. Vu que j'étais dans la quarantaine, pas riche, avec un adolescent, que je travaillais à mon compte et que j'avais peu de temps pour des loisirs, j'avais le sentiment que jamais je ne pourrais rencontrer un homme qui partagerait mes intérêts et mes valeurs. Cependant, j'étais enfin bien décidée à attendre la bonne personne pour moi.

J'avais l'habitude d'aller dans la même église tous les dimanches. Un matin de décembre, en raison d'une tempête de neige, j'ai choisi une autre église, plus près de chez moi. À la fin de la messe, alors que tout le monde se préparait à partir, je parlais avec une amie quand j'ai réalisé que j'avais en face de moi l'ancien entraîneur de football de mon fils, Jacques. Nous avons discuté et c'était agréable. Le soir, il devait y avoir un spectacle de Noël à son église et il m'a demandé si j'allais venir. J'ai répondu que oui. Il m'a donc proposé d'amener mon fils et mon conjoint. Je lui ai alors avoué que j'étais séparée et il m'a dit que lui aussi. Nous avons parlé plus profondément et découvert que nous avions vécu sensiblement la même chose. Avant que je ne parte, il m'a dit: «Si le spectacle est maintenu ce soir malgré la neige et que je te vois, je viendrais m'asseoir avec toi… si tu veux bien.» J'ai accepté et je suis partie.

C'était fou comment je me sentais... Il me semblait que quelque chose de grand venait de se passer... J'étais à la fois excitée et effrayée. Toute la journée, j'ai surveillé la météo, espérant que le spectacle ait lieu. Mais il a été annulé et j'étais tellement triste... Dire que nous n'avions même pas échangé nos numéros de téléphone! Je ne me souvenais même pas de son nom de famille et je savais que lui non plus.

J'ai alors réalisé que je me lamentais d'avoir loupé une rencontre avec un homme que je ne connaissais même pas. Je n'étais pas très fière de moi... Je me suis rappelé les propos de Pascale Piquet sur la dépendance affective et je me suis dit: «Amandine, tu n'as pas assez souffert, tu n'as rien compris?» Je me suis alors mise à lui trouver des défauts potentiels et surtout très secondaires: il n'est pas assez grand, il a trois adolescents, il vit à la campagne, il porte une boucle d'oreille, etc. Durant les jours qui ont suivi, je me suis efforcée de ne pas y penser. Je ne voulais pas retomber amoureuse aussi vite et souffrir encore.

Puis, le hasard a fait que j'ai rencontré un autre homme. Je ne ressentais rien pour lui, mais c'était moins terrible que d'être seule et, surtout, cela m'aidait à ne pas penser à Jacques, celui qui m'avait tant bouleversée. Comme ce nouvel homme n'était pas chrétien, c'était clair pour moi qu'il ne serait jamais plus qu'un ami. Mais je me disais que, faute d'un amoureux, rien ne m'empêchait d'avoir des amis pour partager des activités, afin de me sentir moins seule.

Noël passa... Les deux dimanches suivants, je suis allée à mon église habituelle. Enfin, le troisième dimanche je suis retournée à l'église où j'avais rencontré Jacques. J'avais le sentiment d'avoir réussi à l'oublier et j'étais convaincue que je n'étais absolument rien pour lui. Toutefois, quand je suis entrée, il était à l'accueil et alors que je m'avançais vers lui, j'ai été émue comme si je marchais vers mon futur mari. J'étais tellement bouleversée qu'au lieu de le saluer en premier, j'ai salué son voisin, histoire de reprendre mes esprits. Puis je lui ai parlé quelques minutes et j'ai été m'asseoir avec un couple d'amis. J'ai écouté la messe d'une oreille tout en le surveillant d'un œil... et il a fait de même.

À la fin, il est venu me voir. Il m'a donné un bout de papier où il avait écrit ses coordonnées (téléphone et adresse courriel) et il m'a dit qu'il aurait aimé discuter avec moi, mais qu'il devait quitter rapidement l'église, car il avait un entraînement de football. Il m'invitait à l'appeler. Je lui ai donné mon numéro de téléphone, histoire de ne pas avoir à faire moi-même le premier pas.

Comme quelques jours plus tard il ne m'avait toujours pas appelée, je me demandais si je devais l'appeler ou lui envoyer un message. Puis je me suis souvenue qu'il m'avait donné ses coordonnées, me demandant de le contacter. Peut-être qu'il attendait de mes nouvelles. J'ai pris mon courage à deux mains et je lui ai envoyé un bref courriel assez anodin (une alerte à un virus qu'on m'avait envoyée... la belle excuse!). Il m'a alors appelée. Nous avons décidé de nous revoir le samedi suivant: nous avons passé la journée ensemble. Il ne ressemblait en rien aux hommes qui m'attiraient habituellement, mais j'avais enfin découvert quelqu'un qui partageait mes valeurs et mes croyances religieuses.

Notre relation a commencé... j'aimerais dire tranquillement... Mais, en fait, très très rapidement. Nous avons, dès le début, beaucoup discuté pour voir si nous correspondions à ce que nous recherchions, car nous ne voulions ni l'un ni l'autre d'une aventure. Après quelques semaines, nous avons décidé de nous marier... Eh oui, de nous marier! En fait, nous nous sommes mariés moins de quatre mois après notre rencontre!

Un jour, j'ai compris qu'avec les autres hommes qui avaient été dans ma vie, je repassais sans cesse le film de nos premiers moments heureux et que cette habitude m'aidait à ne pas voir les mauvais côtés de la personne, puisque je ne les regardais pas en face. Avec mon mari, je vis régulièrement des moments merveilleux... Je n'ai donc pas besoin de m'étourdir en me rappelant nos débuts.

Je suis enfin heureuse... parce que je suis moi et qu'il est lui!

☆ ☆ Amandine a-t-elle rencontré son roi?

Votre vote: Oui _____ Non _____

☆

Étudions le témoignage avant qu'Amandine nous donne la réponse.

Amandine a une croyance limitante: «Comme j'étais dans la quarantaine, pas riche, avec un adolescent, que je travaillais à mon compte et que j'avais peu de temps pour des loisirs, j'avais le sentiment que jamais je ne pourrais rencontrer un homme qui partagerait mes intérêts et mes valeurs.» Le fait qu'elle croit que tous ces éléments jouent contre elle est inscrit sur son site Internet subliminal et on peut imaginer qu'elle risque de céder à un prédateur qui lit sa vulnérabilité et qui sera le premier à s'intéresser à elle. Puis elle écrit: «J'étais à la fois excitée et effrayée»; pourquoi «effrayée»? Parce qu'elle a peur que ça ne marche pas. Elle a donc déjà des attentes, parce qu'elle se sent seule: relents de dépendance émotive. D'autres symptômes de dépendance affective: «J'ai alors réalisé que je me lamentais d'avoir loupé une rencontre avec un homme que je ne connaissais même pas» et «rien ne m'empêchait d'avoir des amis pour partager des activités, afin de me sentir moins seule».

☆ ☆ Amandine a-t-elle trouvé son roi?

Voici sa réponse...

Au bout de quelques mois de mariage, l'enfer a commencé. ***Je ne m'étais fondée que sur un seul critère: il avait la même religion que moi. Mais pas le même niveau d'études, pas la même façon que moi d'éduquer ses enfants... Il m'a fait croire qu'il respectait la Bible à la lettre*** *et qu'il en savait plus que moi sur le sujet. Ses enfants étaient épouvantables avec mon fils et moi, nous ignorant, nous manquant de respect (nous habitions dans ma maison). Aujourd'hui, un an et quatre mois après notre mariage, avec l'assentiment de notre pasteur, je suis en cours de séparation.*

Pour être honnête, jusqu'à la veille de mon mariage, je me suis demandé si je n'allais pas tout annuler: il y avait tellement de lumières rouges qui clignotaient sur mon tableau de bord, que j'ai refusé de regarder!

Amandine ne s'est fondée que sur un seul critère:
la religion.

L'histoire d'Annick

J'avais trente ans quand je me suis retrouvée célibataire, par choix. J'avais pris cette décision, car je savais que je devrais faire face à mes peurs, dont celle de me retrouver seule. Je n'étais pas bien dans ma peau, mais je ne comprenais pas pourquoi. C'est pendant ce temps que j'ai réalisé que je voulais me marier. Je suis donc partie à la recherche de l'homme de ma vie. J'ai fait la liste des qualités de celui qui serait mon futur mari. Certaines personnes ont ri de ma démarche, me disant que c'était impossible à trouver, que j'étais trop exigeante et que je devais revoir à la baisse mes attentes.

Mais j'ai tenu bon, et je me suis mise en quête de l'amour. J'ai rencontré quelques personnes mais c'était toujours compliqué. Je n'étais pas heureuse et j'ai commencé à croire que je rêvais en couleurs. Alors j'ai voulu faire confiance au destin, persuadée qu'il mettrait sur ma route le bon gars tant recherché, mais j'attirais toujours le même genre d'homme qui voulait me contrôler.

Un jour, quelqu'un m'a parlé du livre «Le Syndrome de Tarzan». Je l'ai acheté et je l'ai lu en une journée. Ce livre me parlait directement. Pour la première fois, j'ouvrais les yeux sur mon mal-être et je pouvais lui donner un nom: dépendance affective. J'avais alors trente-trois ans et je n'avais pas de temps à perdre... J'ai donc choisi de faire un coaching avec Pascale, pour trouver la paix intérieure, la sérénité et le bonheur personnel. Je savais maintenant que je devais travailler sur ma confiance en moi, faire le ménage dans mon passé, pour accueillir l'avenir. J'ai repris la liste que j'avais écrite auparavant et j'ai décidé que je méritais cet homme dans ma vie et rien de moins.

Environ un mois après mon cheminement avec Pascale, j'ai rencontré Michel. On avait été présentés, quelques mois avant le coaching, par des amis communs, mais on n'avait pas vraiment discuté ensemble. Ce soir-là, il m'a demandé si je voulais avoir des enfants. Je lui ai répondu par l'affirmative et j'ai précisé que je les aurais avec mon mari. Deux jours plus tard, Michel m'a rappelée pour m'inviter à dîner. J'ai cru qu'il n'avait pas compris, alors je lui ai répété que je voulais me marier et avoir des enfants. Mais il n'était pas sourd, il avait très bien compris. Je ne savais pas encore si c'était le bon pour moi, mais en sa présence j'étais calme, j'étais bien. De là est née une belle histoire d'amour.

Tout est simple entre nous. On parle le même langage, on a les mêmes valeurs. Il est l'homme que j'avais tant cherché. On ne se dispute jamais. On se parle toujours avec respect. Il y a une belle complicité entre nous. On partage des rêves communs, on a plein de projets… On a vécu certaines épreuves avec des membres de sa famille, mais ça ne nous a pas désunis. On cherche plutôt à protéger notre amour, sachant tous les deux que c'est précieux. Aujourd'hui, un an plus tard, je suis à la veille de mon mariage. Demain, c'est le grand jour! Nous allons former une belle famille et nous espérons ensuite avoir des enfants ensemble. Nous avons à cœur d'être heureux.

☆ ☆ Annick a-t-elle rencontré son roi?

Votre vote: Oui _____ Non _____

☆

Étudions le témoignage avant qu'Annick nous donne la réponse.

Vous remarquerez qu'Annick était convaincue qu'elle méritait un roi et elle savait quel style de roi elle méritait. Dresser une liste de qualités a permis de décrire exactement à son subconscient quel homme elle voulait dans sa vie. Elle a également «annoncé la couleur» en parlant directement de mariage et d'enfants, puis a validé qu'ils avaient les mêmes valeurs et les mêmes croyances. Rappelez-vous : le bonheur est simple !

☆ ☆ Annick a-t-elle trouvé son roi ?

Voici sa réponse..

J'ai rencontré Michel en mai 2008 et on a commencé à se fréquenter vers la fin juillet 2008. Nous nous sommes mariés le 8 août 2009 et notre fille est née le 13 août 2010. Nous sommes très heureux!

L'histoire de Sophia

Mon conjoint et moi, on s'est rencontrés au travail. À cette époque-là, échaudée par de mauvaises relations, je ne croyais plus à l'amour et me voyais vieille fille pour le reste de mes jours. Marc, un collègue, a commencé à m'approcher tranquillement. Il m'attirait physiquement, mais ne correspondait pas à ma longue liste de critères: il était trop vieux, avait des enfants, était séparé de sa femme, sportif, chasseur et, de plus, je le jugeais grandement macho. Avec son ex-femme, il avait traversé des moments très pénibles dans les dernières années de leur relation, car elle avait été diagnostiquée bipolaire.

Petit à petit, j'ai appris à le connaître; on avait les mêmes horaires au travail, donc l'occasion de se parler quelques minutes chaque jour avant de rentrer chacun chez soi. Un jour, il m'a appelée pour me demander si je pouvais échanger une journée de travail avec lui. Je lui ai répondu que je ne pouvais pas, car j'avais un rendez-vous: un homme m'avait contactée à travers un site de rencontres et j'avais une peur bleue d'y aller, parce que ce type de rencontre ne correspondait pas à ma vision romantique de l'amour! Le jour du rendez-vous, Marc m'a appelée sur mon portable pendant sa pause au travail. Sa voix était tremblante, il bégayait. Il était visiblement très gêné et il m'a avoué son amour pour moi. J'étais stupéfaite, tellement mal à l'aise que je lui ai dit que ça allait lui passer, ce qui équivalait à un refus.

Nous finissions toujours nos journées en même temps et avons continué à parler beaucoup. Finalement, c'est moi la première qui l'ait serré dans mes bras. Lui ne voulut pas tout de suite m'enlacer: il devait d'abord annoncer à la femme dont il était séparé qu'il m'avait rencontrée.

Puis le grand amour a débuté. Il me faisait chavirer, mais je restais prudente à cause de mes précédentes et douloureuses histoires d'amour: je me retenais, ne me donnais pas à fond.

Quelque temps plus tard, nous avons fait une sortie avec des collègues. Personne ne connaissait notre liaison. Et Marc a préféré ne pas venir, car c'était trop dur pour lui de passer une journée de congé avec moi sans laisser libre cours à notre amour. Mes collègues et moi sommes donc partis en «minivan», une quinzaine d'amis en route pour Montréal. Tout à coup, au milieu du trajet, un homme en moto est apparu, qui nous demandait de nous ranger sur le côté. C'était Marc! Je ne savais pas qu'il faisait de la moto et je ne l'ai pas reconnu sur le moment. Lorsqu'il a ôté son casque, je suis restée sans voix. Tout habillé de cuir, il s'est agenouillé avec une rose et a déclaré, devant tous nos collègues, son amour pour moi. Les filles pleuraient tellement c'était romantique!

J'ai appris de plus en plus à le connaître, j'ai été conquise par sa bonté d'âme. C'est un homme en forme, avec des enfants: deux belles grandes filles très gentilles, très respectueuses, qui m'ont acceptée. On communique beaucoup, on ne se dispute pas, je me sens bien dans cette relation. C'est maintenant à l'âge de trente-six ans que je respire enfin le bonheur! Gardez espoir!

☆ ☆ Sophia a-t-elle rencontré son roi?

Votre vote: Oui _____ Non _____

☆

Étudions le témoignage avant que Sophia nous donne la réponse.

Sophia dit qu'elle ne croit plus à l'amour et qu'elle pensait finir « vieille fille », mais elle va tout de même être intéressée par un homme trouvé sur un site de rencontres : donc, au fond d'elle, l'espoir est bien vivant ! Marc l'attire physiquement, ce qui est important, mais ne correspond pas à ses critères (avait-elle déterminé les bons critères ?). Elle va apprendre, cependant, à le connaître, après l'avoir repoussé. Vous noterez qu'elle le trouvait « macho » : souvenez-vous que la confiance chez un homme peut être interprétée à tort comme un signe de machisme. Elle a donc respecté les « consignes de sécurité », est allée lentement à la découverte de Marc et dit être tombée amoureuse. Vous noterez au passage que cette relation l'a fait « grandir » !

☆ ☆ Sophia a-t-elle trouvé son roi ?
Voici sa réponse...

Je suis toujours et encore plus heureuse : nous avons fêté nos deux ans et demi le 22 septembre dernier ! Je suis heureuse depuis que je l'ai rencontré et j'avoue que c'est de mieux en mieux, car l'étape de la connaissance et je dirais même l'apprentissage de chacun est bien fait ! J'avais du mal à faire confiance, mais j'ai réussi à résoudre ce problème et, cette année, je n'ai pas eu de peine à son départ pour la chasse. Je suis devenue autonome affectivement !

☆ ______

L'histoire de Richard

Je venais de créer un profil sur un site de rencontres, avec une description pour le moins explicite, histoire de ne pas perdre des heures et des heures là-dessus.

Peu de temps après ma première connexion, Alexandre est venu me parler. Nous avons un peu discuté et le courant est passé tout de suite. Un rendez-vous dans un café a alors rapidement été pris, pour voir si l'alchimie était là.

Nous nous sommes retrouvés sur un quai de métro et nous nous sommes dirigés vers un café choisi au hasard. La conversation s'est engagée et la soirée s'annonçait intéressante, belle, captivante. Nous sommes ensuite allés dîner dans un restaurant chinois pour poursuivre notre découverte l'un de l'autre. Nous avons fini la soirée avec un bon digestif, au coin du feu, dans un petit café. Nous nous sommes quittés là, avec le désir de nous revoir. Nous avons emménagé ensemble, puis acheté une maison à la campagne, ce dont j'avais toujours rêvé.

☆ ☆ Richard a-t-il rencontré son roi?

Votre vote: Oui _____ Non _____

☆

Étudions le témoignage avant que Richard nous donne la réponse.

L'histoire va vite mais ce n'est pas pour cela que leur couple n'est pas viable. Souvenez-vous que vous pouvez lire le site Internet subliminal de l'autre en une fraction de seconde et sentir que c'est la bonne personne. Ce qui ne doit cependant pas vous empêcher de respecter les «consignes de sécurité»! Cependant, ont-ils pris le temps de se connaître avant d'emménager ensemble?

☆ ☆ Richard a-t-il trouvé son roi?

Voici sa réponse...

Ce qui ne marchait pas est apparu vraiment quand on a emménagé ensemble.

Le stress financier, les rénovations de la maison, notre vision différente de la façon de gérer l'argent nous ont amenés à plusieurs désaccords. Lui fonctionnait beaucoup à crédit, pas moi.

J'ai commencé à voir en lui un homme qui n'avait pas assez de caractère, sur qui je ne pouvais pas compter, car il ne respectait pas sa part du contrat et n'agissait pas en accord avec ses paroles.

Il croyait vouloir la même chose que moi: vivre à la campagne. Mais il a finalement réalisé que c'était plus par peur de me perdre que parce que cela correspondait véritablement à son projet de vie. Cela lui a permis de prendre conscience qu'il avait mis de côté certains rêves qui lui tenaient pourtant à cœur.

Je me suis rendu compte de cela par son éloignement, son manque d'implication dans les rénovations de la maison et dans la construction d'une vie en province.

Bien sûr, cette distance a affecté notre sexualité. Mon regard sur lui a changé, et comme pour moi faire l'amour n'est pas une façon de régler les différends et de recoller les morceaux, mon attirance pour lui a diminué et ma libido aussi. Cela n'a fait que confirmer qu'on s'éloignait.

☆ ———

L'histoire de Ken

Habitant aux États-Unis, j'étais en Australie pour participer au triathlon dans le cadre des Jeux olympiques gays. La plupart des participants étaient là pour le sport et... le sexe! Moi, pour découvrir ce pays. Je ne souhaitais rencontrer personne. C'est sur la plage de Bondi Beach, au sud de Sydney, que j'ai rencontré Martin, au beau milieu de tous ces athlètes splendides. Pourtant déterminé à ne pas céder à la tentation de l'aventure, j'étais attiré par son énergie.

Martin était dans l'eau avec un de ses amis et ils se disputaient pour savoir lequel des deux était le plus bronzé. Comme je passais près d'eux, ils me demandèrent d'arbitrer leur différend (Québécois, ils parlaient tous les deux couramment anglais, moi, pas un mot de français). Je désignai son ami et il se fâcha. Mais quand son regard croisa le mien avec insistance, je notai un pétillement particulier, auquel je ne restai pas insensible, oubliant presque mon vœu de chasteté. Quelle étrange alchimie était donc en train de se produire? Martin m'invita à assister à sa compétition – il était inscrit en danses de salon –, mais ce jour-là j'avais prévu une excursion au nord de l'Australie. Il proposa alors que l'on se retrouve dans une boîte de nuit, le soir même. Dans le bus qui me ramenait à mon hôtel, j'étais fatigué à cause du décalage horaire, épuisé par la chaleur et perdu dans mes réflexions: j'étais ici pour visiter et non pour rencontrer qui que ce soit, ni pour le sexe. Mais son beau sourire me hantait... Cependant, je décidai que je n'irai pas à la boîte de nuit, fidèle à mon objectif de départ.

Soudain, alors que mon arrêt était en vue, un frisson incroyable glissa de mon cou jusqu'au bas de mon dos, la Terre s'arrêta de tourner, j'étais paralysé! Cette main sortie de nulle part et qui venait de m'effleurer la nuque n'était autre que celle de Martin. Il descendit du bus en même temps que moi, décontracté, me lança un regard séducteur et demanda: «Alors, lequel des deux était le plus bronzé?» Puis il tourna les talons. Je restai figé bien longtemps après que le bus fut reparti, encore secoué par la sensation que sa main avait produite sur ma nuque et le reste! Je voulais être avec lui, je craquais littéralement, j'irais ce soir!

J'ai trouvé le temps long jusqu'au moment d'entrer dans la boîte de nuit: j'avais des papillons dans le ventre. Mais je ne le vis pas. Il avait dû changer ses plans... Je commençais à penser que j'avais loupé ma chance et que jamais je ne le reverrais, quand soudain je le remarquai enfin au milieu de la piste de danse: sa belle énergie illuminait la salle! Il était entouré d'une multitude d'hommes plus beaux les uns que les autres et je ne voulais pas entrer en compétition. Nous avons dansé ensemble une bonne partie de la soirée, puis je le saluai avant de partir, lui avouant que j'aurais aimé le connaître mieux. Cependant, je comprenais qu'il était là pour s'amuser. À ma grande surprise, il décida de me suivre, abandonnant tous ces Adonis conquis!

Nous avons discuté jusqu'à mon hôtel. Je lui expliquai que je ne voulais pas juste du sexe et que je l'appréciais beaucoup. Nous avons passé la nuit ensemble (et quelle nuit!), puis nous sommes partis chacun de son côté au petit jour. Je devais participer à ma compétition et, si je n'avais aucun espoir de gagner, je savais néanmoins que j'aurais mon prix: j'allais revoir Martin! Le plus drôle, c'est qu'avant de venir à Sydney, j'avais lu une revue annonçant les Jeux olympiques gays, et qui affichait, à la une, un magnifique athlète. Pour rigoler, j'avais raconté à mes amis que j'aurais une histoire avec cet athlète pendant les Jeux. Et le lendemain de ma rencontre avec Martin, je croisai effectivement le bel athlète (encore plus beau que sur la photo) et il m'invita à sortir avec lui! Je déclinai son offre, ayant Martin en tête, et il me traita de «vieux jeu». Je rejoignis alors mon beau Français à la boîte de nuit, mais il avait d'autres plans avec d'autres hommes: contrairement à moi, il était venu pour avoir du sexe, pour s'amuser. Je lui proposai donc de le revoir le lendemain: je sentais que quelque chose de spécial était en train de se passer entre lui et moi et je voulais le connaître mieux, même si la soirée ne s'était pas déroulée comme je le souhaitais.

J'espérais qu'il m'appellerait le lendemain, mais je partis tout de même en excursion avec mes amis, laissant, au cas où, ce message sur mon répondeur de l'hôtel: «Désolé de te manquer, si c'est toi qui appelles, Martin. Je veux VRAIMENT dîner avec toi ce soir.» Il me fallut au moins une cinquantaine de tentatives avant d'être satisfait de mon enregistrement, et Martin dut le réécouter autant de fois: il m'avoua plus tard que c'est là qu'il avait craqué! Nous avons passé la soirée ensemble et je ne pouvais pas détacher mon regard de lui: je le trouvais tellement mature du haut de ses vingt-neuf ans, alors que j'en avais trente-sept.

Le lendemain, Martin avait sa compétition et moi, une autre excursion et je savais que, lorsque je reviendrais à Sydney, il ne resterait qu'une nuit avant le grand départ. À mon retour, il avait gagné la médaille d'argent, j'étais tellement heureux pour lui! Nous avons passé une magnifique soirée, la dernière, et une larme roula sur ma joue: j'aimais cet homme qui vivait à des milliers de kilomètres de moi et qui parlait une autre langue! Martin me proposa de savourer pleinement notre dernière nuit et nous fîmes l'amour pour la première fois.

Nous devions nous retrouver à l'aéroport le lendemain afin de passer encore quelques heures ensemble avant d'être séparés. Nos avions décollaient pratiquement en même temps et je me ruai à sa porte d'embarquement: trop tard, il n'y était plus et mon cœur se brisa en deux.

Soudain, je réalisai qu'il avait peut-être eu la même idée et que nous nous étions croisés: je repartis en courant vers ma porte d'embarquement. Mais il n'était pas là non plus. Le cœur lourd, je retenais mes larmes: comment l'Univers pouvait-il ouvrir de si belles portes et les refermer aussi sec? Un frisson me traversa, une main venait de m'effleurer la nuque! Mon beau Français était là, devant moi. Nous nous sommes assis, pleurant tous les deux, front contre front, respirant l'énergie de l'autre, sans parler. Son nom résonnait dans les haut-parleurs: il devait partir.

Le voyage de retour fut long pour moi et dès que j'arrivai, j'envoyai un courriel à Martin pour lui dire qu'il fallait que je le revoie. Je proposai de venir au Québec pour Noël. Nous passerions quinze jours ensemble, dans son pays, avec sa famille: je saurais ainsi s'il s'agissait d'un amour de vacances ou d'un amour véritable. Nous avions peur tous les deux.

☆ ☆ Ken a-t-il rencontré son roi?

Votre vote: Oui _____ Non _____

☆

Étudions le témoignage, avant que Ken nous donne la réponse.

Vous remarquerez que ni Ken ni Martin n'avaient d'attentes par rapport à ce voyage en Australie : l'un voulait s'amuser et l'autre, visiter. La description de la rencontre résonne comme un coup de foudre : souvenez-vous que ce n'est pas le coup de foudre qui est dangereux, mais les personnes foudroyées. Si elles sont équilibrées, elles se reconnaissent dans l'équilibre de l'autre, qu'elles lisent sur son site Internet subliminal.

Si, au contraire, elles sont en déséquilibre, c'est qu'elles viennent de reconnaître celui ou celle qui nourrira le mieux leurs névroses ! Vous noterez également au passage que Ken, parlant de leur première relation sexuelle, explique simplement « nous avons passé la nuit ensemble », puis il écrit plus loin : « Nous fîmes l'amour pour la première fois ». C'est la différence entre avoir du sexe et faire l'amour. Puis, ils ont décidé de passer les vacances de Noël ensemble pour savoir si leur relation était viable : relation « longue distance » !

☆ ☆ Ken a-t-il trouvé son roi ?

Voici sa réponse...

Nous avons fêté nos sept ans ensemble et nos deux ans de mariage, le 28 juillet 2009. Pendant les trois premières années, nous avons voyagé d'un pays à l'autre, puis Martin est venu vivre à Portland, pendant trois ans. Maintenant, il est retourné au Québec où je passe deux semaines par mois en attendant d'avoir mon visa permanent pour le Canada. L'Univers a une façon bien particulière de placer l'amour sur votre route et c'est à vous de le cultiver pour qu'il s'épanouisse!

Pour toujours et à jamais: je le veux!

☆ ______

L'histoire d'Hélène

J'avais alors quarante-cinq ans, nous étions en août 1998 et je revenais d'une année sabbatique en Australie. J'avais eu la chance d'y demeurer au bord de la mer, et vivre tout près de l'eau était un privilège que je voulais garder. À mon retour ici au Québec, je me cherchais donc un logement au bord de l'eau: soit la rivière-des-Prairies, soit le fleuve Saint-Laurent.

J'ai demandé à une amie de m'aider dans mes recherches. Dès que nous avions du temps libre, nous prenions la voiture pour sillonner les rues voisines des bords de l'eau. Après plusieurs semaines de ce petit manège, mon amie se découragea et m'informa qu'elle connaissait un ingénieur demeurant au bord de l'eau, à L'Île-Perrot. Elle me donna ses coordonnées et m'invita à le contacter: il était célibataire (divorcé) et probablement disponible pour m'aider à poursuivre ma quête d'une façon ou d'une autre.

Un dimanche soir vers 20h30, j'ai pris mon courage à deux mains et je lui ai téléphoné, précisant la raison de mon appel. Nous avons pris rendez-vous. À partir de ce jour, nous avons beaucoup discuté, appris à nous connaître, laissant la complicité, le respect et la confiance s'installer.

☆ ☆ Hélène a-t-elle rencontré son roi?

Votre vote: Oui _____ Non _____

☆

Étudions le témoignage, avant qu'Hélène nous donne la réponse.

Bien sûr, vous ne disposez pas d'informations détaillées sur le début de la rencontre, puisque Hélène en fait un court résumé. Laissez donc votre instinct vous guider pour deviner si cette histoire est de l'amour ou de la névrose et quand vous lirez sa réponse, vous serez peut-être surpris !

☆ ☆ Hélène a-t-elle trouvé son roi ?

Voici sa réponse...

Depuis ce temps, nous sommes ensemble, lui après m'avoir attendue dix ans et moi après avoir fait le tour du monde pour le trouver, alors qu'il était simplement au Québec – c'est ce que nous nous disons souvent en riant!

Et le 4 octobre 2008, après dix ans de vie de couple, nous nous sommes mariés et notre relation a radicalement changé: depuis que je suis sa femme et lui, mon mari, nos sentiments sont encore plus profonds et nous sommes encore plus heureux qu'auparavant!

☆

Conclusion

☆

Vous venez de lire et d'évaluer ces témoignages pour tester vos connaissances. Alors, avez-vous su déceler les histoires des névroses ? Avez-vous repéré les futurs rois et reines ? Certains avaient du mal à croire encore à l'amour, blessés par la vie. Mais ceux qui ont accepté de faire un travail sur eux-mêmes étaient prêts, le jour où ils ont croisé leur roi/reine. Aujourd'hui, ils règnent à deux sur leur bonheur et continuent de grandir ensemble. S'ils ont pu le faire, alors vous pouvez y arriver aussi. Vous le méritez !

Vous ne pouvez pas décider quand vous rencontrerez votre roi/reine, mais vous avez le pouvoir maintenant d'écarter ceux qui ne le sont pas. Soyez sélectif et adoptez, comme moi, cette citation d'Oscar Wilde : « J'ai les goûts les plus simples du monde, je me contente du meilleur ! » Vous éviterez de vivre des relations douloureuses, pour travailler sur votre sérénité, jusqu'au jour où vous serez deux à partager le bonheur que vous aurez forgé chacun de son côté.

Et souvenez-vous : chaque seconde qui passe vous rapproche de votre roi/reine et chaque jour où vous travaillez sur vous, vous travaillez sur votre futur couple et l'autre personne fait de même aussi !

Je terminerai ce livre en rendant hommage à mes cousins Christophe et Albane, Armelle et Laurent, ainsi qu'à mes amis, cités au début de ce livre, qui ont trouvé l'amour et, pour la plupart, se sont mariés. J'étais aux côtés de certains d'entre eux quand, avant de rencontrer la bonne personne, ils ont vécu des ruptures et des souffrances. Je leur donnais espoir en un avenir meilleur et ils m'ont fait confiance.

Et j'ai rejoint les rangs des couples heureux, grâce à mon roi.

Rappelez-vous : l'amour, c'est simple.

☆

☆ ☆ Feuille de route
Objectif: prendre le roi/la reine

6. **Sentiments:** vous avez de plus en plus confiance en votre roi/reine, vous apprenez à l'apprécier, la relation se construit et se renforce. Prenez votre temps !
   - Quand vous serez prêt (physique + raison), vous déciderez de vous laisser aller à des sentiments, tout en continuant à surveiller le tableau de bord.
   - Vérifiez l'entente au niveau du sexe, des finances, en plus de l'éducation des enfants, avant de décider de vivre ensemble.

5. **Raison**: êtes-vous sur la même longueur d'onde?
   - Posez les cinq questions.
   - Contrôlez les croyances/valeurs et croisez vos six niveaux logiques.
   - Contrôlez que vous en êtes au même stade dans votre vie.
   - Vérifiez les compulsions (addictions).
   - Sexe (attendez d'être en confiance avant tout acte sexuel, parlez-en avant).
   - Surveillez votre tableau de bord (inconfort/anxiété): si ça clignote, débarquez !
   - Attention aux pièges !
   - Soyez authentique.

4. **Physique**: attirance sexuelle + site Internet subliminal
   Rencontre:
   - Je suis un roi, je vais vers une reine.
   - Je suis une reine, je laisse un roi venir vers moi.

3. **Établissez le profil** du roi/de la reine que vous souhaitez rencontrer.

2. **Vous êtes un roi/une reine** et vous souhaitez une reine/un roi à vos côtés.

1. **Mettez la dépendance affective en échec et mat:** développez confiance et estime de soi (exercices) pour éliminer les Desperados et Trous noirs affectifs (pions, fous, tours et cavaliers) et pour reconnaître les rois/reines.

Poursuivez votre cheminement avec Pascale Piquet...

Séduire pour une nuit ou charmer pour la vie?

978-2-89092-792-6

Guide pratique de l'amour et du sexe

Du premier contact visuel à la première relation sexuelle, ce guide contient toutes les étapes pour attirer enfin celui ou celle que vous attendez.

Et si vous êtes déjà en couple, peut-être serez-vous curieux d'apprendre comment vous comporter avec le sexe opposé dans l'intimité, mais également dans votre vie sociale et professionnelle.

Quant au chapitre sur les relations sexuelles, il pourrait aussi exciter votre curiosité...

Séduire ou charmer, à vous de choisir !

Le syndrome de Tarzan

978-2-89092-696-7

Libérez-vous des lianes de la dépendance affective

Qui aurait cru que Tarzan ait quelque chose à voir avec la dépendance?

Pourtant, plusieurs dépendent autant de l'affection des autres que Tarzan de ses lianes: pour ne pas tomber dans le vide... affectif, ils préfèrent s'attacher à la première personne qui passe.

Voici le témoignage de Pascale qui a enfin trouvé l'amour après s'être libérée de ses lianes, et qui aide ceux qui en sont prisonniers à s'en défaire.

www.pascalepiquet.com

www.facebook.com/Pascale-Piquet

www.twitter/pascalepiquet

Achevé d'imprimer
sur les presses de
Imprimerie H.L.N.
Imprimé au Canada - Printed in Canada